Elogios para *PIC*

«Cada día entrevisto a un mínimo de media docena de personas durante mi programa *Realidades en contexto,* que se transmite en vivo durante una hora al mediodía, de costa a costa de las Américas por CNN en español. Con más de veinte años al aire y cientos de entrevistas realizadas, a veces se me hace difícil recordar rostros y más aún nombres. Eso no me sucede con Sonia González. Y es porque su sonrisa es imposible de olvidar. En mi programa hemos honrado a Sonia con el título de "Mujer de la semana" porque ella vive lo que predica. Es una comunicadora nata y posee la cualidad de enseñar con el ejemplo, lo que quizá muchos ejecutivos de alto nivel todavía no han conquistado, el arte de hacerse entender. En el mundo global en que hoy vivimos, es imprescindible dejar atrás regionalismos y manierismos para comunicarnos de una manera elocuente y eficaz. Necesitamos ser entendidos internacionalmente. Sonia es una catedrática en las comunicaciones y este libro una cátedra para cualquiera que busque potenciar su carrera mediante el uso de la palabra... y eso, me atrevo a presumir, ¡somos todos!».

—MERCEDES SOLER
PERIODISTA DE CNN EN ESPAÑOL
REALIDADES EN CONTEXTO

«Los escritos de Sonia han impactado a miles y miles de ejecutivos en algunas de las compañías más importantes del mundo, así como también a aquellos que apenas están comenzando sus carreras. *PIC* brinda una perspectiva nueva tanto para ejecutivos experimentados como para el flamante graduado universitario. Usando ejemplos de la vida real, Sonia ilustra cómo su pasión, su innovación y su coraje moldean su mensaje y su futuro. Este libro es una lectura obligatoria para aquellos que desean elevar su carrera al próximo nivel».

—TOD SHUTTLEWORTH
VICEPRESIDENT SENIOR, GLOBAL PUBLISHING
HARPERCOLLINS CHRISTIAN PUBLISHING
NASHVILLE, TN

T0045951

«*PIC* es la diferencia entre la teoría y la práctica. Sonia ha reflejado magistralmente en este libro lo que muchos profesionales hemos aprendido sobre la marcha de los años. En la búsqueda de mejores carreras, mejores empresas y mejores equipos, gerentes y profesionales encontrarán en esta obra un elixir de prácticas que he visto florecer en muchos individuos exitosos».

—ALEXANDER MONTOYA
EJECUTIVO SENIOR DE SEGUROS EN AMÉRICA LATINA

«Exitosa autora, conferencista, mentora empresarial, empoderadora de competencias en comunicación y nacida en Colombia, la Cámara de Comercio de Guatemala tuvo el honor de contar con Sonia González A. para el 9° Congreso de Mujeres Líderes Guatemaltecas, brindando su conferencia "¡Power People!, El poder de la comunicación inteligente", con el cual compartió su pasión, dedicación, arduo trabajo y constancia para alcanzar sus logros. El público que asistió a la conferencia fue retado a desarrollar su potencial al máximo y alcanzar sus sueños. Sonia es una mujer luchadora y con un objetivo claro: ser una "Mujer Líder". Te invito a leer *PIC*. Los 3 indicadores del alto impacto que cambiarán tu pasión, tu innovación y tu coraje».

—JORGE BRIZ ABULARACH
PRESIDENTE, CÁMARA DE COMERCIO DE GUATEMALA
GUATEMALA

«Sonia González ha buscado siempre ser innovadora y estar actualizada, desde su primera serie "Habilidades de Comunicación" (hablada y escrita), y nos recuerda que escuchar también es comunicar. En *El efecto* y *¡Power People!* nos va llevando de la mano a reconocer ese no sé qué que existe en todas las personas "destacadas" y "notables" en el mundo. Y es ahora en *PIC*, en una obra actual e innovadora, donde Sonia une todos esos aspectos que reconocemos en personas importantes, para todos y para nosotros, y que las hacen diferentes: pasión, innovación y coraje. ¿Está usted listo para compartir con los demás la "foto" de su vida? Averígüelo leyendo *PIC*».

—ROBERTO RIVAS
DIRECTOR DE VENTAS PARA LATINOAMÉRICA
HARPERCOLLINS CHRISTIAN PUBLISHING
MÉXICO

«En la vida moderna la comunicación se ha convertido en un factor clave para el éxito. Más aun si se trata de una persona que está buscando conquistar el mundo con una nueva idea que revolucionará la forma de hacer algo. Hasta lo más novedoso, lo más esperado por el público, debe ser bien comunicado para lograr llamar su atención. Es aquí cuando solicitamos la ayuda de Sonia González.

»El mundo del emprendimiento se desarrolla en el marco de los conceptos de pasión, innovación y coraje. Es por eso que Sonia ha logrado inculcar en nuestros emprendedores la necesidad de comunicar sus proyectos con estas tres herramientas, no como vendedores comunes sino expresando y contagiando la pasión por esa idea innovadora que han desarrollado y que han logrado convertir en un negocio real y sostenible. Les ha enseñado a captar la atención de su interlocutor (cliente o inversionista) de una manera diferente: con seguridad y coraje, lo que nos enseña en este libro»

—Johanna Harker G.
Gerente de Relaciones Institucionales, Wayra Colombia
Una iniciativa de Telefónica

«La habilidad de comunicar un mensaje con promesa y pasión tiene el potencial para cambiar al mundo. Por lo tanto, cada comunicador debe inspirar, informar e impartir una idea catalítica. Mi amiga Sonia González nos enseña cuáles son los indicadores que alienan tales objetivos. Este libro desata un modelo para la comunicación que transforma vidas».

—Dr. Samuel Rodriguez
Presidente, NHCLC / CONELA
Sacramento, California

«Sonia González es una autora motivacional de vanguardia. Su propuesta editorial se enfoca con una agudeza extraordinaria y permite aprender nuevos conceptos, ideas y contenidos altamente motivacionales para emprendedores y gente entusiasta. Sonia nos envuelve con su entusiasmo y nos hace vibrar con sus enseñanzas».

—Bárbara Palacios
Autora y conferencista inspiracional
Venezuela y Estados Unidos

«Así es como definiría a Sonia González: inolvidable. Una de esas personas que marcan tu vida y las llevas siempre contigo, junto a un grupo muy selecto.

»Siempre he creído que la comunicación es una habilidad clave en el desarrollo personal y empresarial. En mi experiencia como líder empresarial he conocido varios expertos en comunicación, pero nadie como Sonia. A través de un lenguaje sencillo, una calidez acogedora, una alegría y una pasión que contagian, Sonia consigue mostrar el camino de una comunicación efectiva con claves fáciles de entender y aplicar. Me fascina cómo aplica conceptos tales como pasión, innovación y coraje a la comunicación efectiva. La mayoría de las personas tienen una visión mucho más cerrada de la comunicación. No se dan cuenta de los diferentes factores que la rodean y que influyen para llevar la habilidad de la comunicación personal al siguiente nivel.

»¿Qué mejor manera de ser un líder comunicacional cuando tu audiencia puede entenderte y asimilar los conceptos que les transmites? Esa es Sonia. Una persona inolvidable que me ha mostrado y educado en la habilidad de la comunicación, así como en todos los aspectos que la rodean e influyen en ella para convertirla en efectiva y de alto impacto».

—ALFRED NAVARRO
DIRECTOR REGIONAL, DC-POS LATINOAMÉRICA
INGRAM MICRO INC.
MIAMI, FL

PIC
PASIÓN
INNOVACIÓN
CORAJE

3 INDICADORES DEL ALTO IMPACTO

SONIA GONZÁLEZ A.

GRUPO NELSON
Una división de Thomas Nelson Publishers
Desde 1798

NASHVILLE   MÉXICO DF.   RÍO DE JANEIRO

Editora en Jefe: *Graciela Lelli*
Diseño del español: *www.produccioneditorial.com*

ISBN: 978-0-71802-147-4

A mis hijos, Daniel y Ángela María, por ser la mejor «pic».

A mi mamá, Stellita, por enseñarme a vivir con genuina pasión y coraje, sin dejarme «acoquinar».

A Dios, por su infinita innovación.

CONTENIDO

Solo es posible avanzar cuando se mira lejos. Solo cabe progresar cuando se piensa en grande.

—José Ortega y Gasset (1883–1955)[1]

PRÓLOGO

CONOCÍ A SONIA GONZÁLEZ cuando compartimos escenario hace unos años en una conferencia realizada en Miami para profesionales de los medios de comunicación hispanos. De inmediato me di cuenta de que esta mujer asombrosa entendía cómo comunicarse y sentía una pasión increíble por ayudar a otros a compartir su mensaje. En una segunda conferencia de prensa dos años más tarde, terminamos haciendo una sesión de preguntas y respuestas juntos en la que nos compenetramos, parecía casi como si uno terminara las frases del otro. Me divertí mucho con Sonia y con la audiencia.

Más recientemente, cuando vi por primera vez el manuscrito de este libro, supe que las tres claves principales —pasión, innovación y coraje— son perfectos ejemplos de su propia vida y su carrera. Su pasión por ayudar a la gente a poner fin al desorden distractor de la cultura de hoy y hacer que su mensaje se escuche es asombroso. Ella pulsa con la energía y la emoción en el escenario. Cuando se trata de innovación, Sonia entiende que el pensamiento original es la clave para forjar una vida creativa. Y el coraje es lo que hace que esas ideas cobren vida, trabajando en un mundo a menudo hostil y desafiante.

Me emociona que adquiera este libro, ya que va a abrir una puerta para ayudarle a ver el mundo de una manera diferente. El propósito de Sonia es claro: para vivir más allá de los límites, usted debe ser apasionado, innovador y tener coraje. Estas tres cualidades son la esencia de una vida significativa, necesarias todas para sobrevivir —y prosperar— en el perturbado mundo de hoy.

Soy un gran fan de Sonia y usted también lo será después que lea este libro. Tómese su tiempo. Subráyelo. Léalo una y otra vez.

Esto es más que un libro. Es un manual para saber cómo cambiar su mundo.

Phil Cooke
Cineasta, consultor de medios y autor del libro
One Big Thing: Discovering What You
Were Born to Do

INTRODUCCIÓN
Pic: La imagen infaltable

AL UNIR LAS INICIALES de los indicadores más contundentes del alto impacto en la comunicación —pasión, innovación y coraje—, leemos «pic». Igual que en las imágenes que hoy acompañan a todos los mensajes y textos virtuales. Una «pic» es una foto, término acuñado en base al prefijo proveniente del inglés: «picture». Por eso amigo lector, ante este sencillo juego lingüístico y nemotécnico, me permito relacionar el título de este libro con la mejor foto de usted. La que comunicará la imagen exacta de lo que usted quiere transmitir. La que producirá su mayor impacto. La mejor «pic».

Desde el momento en que comencé este juego de letras, pensé en usted y en todas las personas en el mundo entero que en este instante buscan lograr su mejor «pic» para publicarla en redes sociales como Facebook, Twitter, Instagram... O para guardarla en sus archivos de las mejores imágenes... O para imprimirla y colocarla en el portarretratos visible de la casa, la oficina o donde pueda recordar los momentos y personas más preciados y memorables.

Piense por un momento que, mientras escribo estas páginas, mientras usted las lee, millones de personas en el planeta están posando para lograr su mejor «pic» y publicarla para el resto del mundo. La práctica de las «pics» se convirtió en el estilo de vida contemporáneo. Es parte de la comunicación habitual de la mayoría de las personas, de todas las edades, culturas, razas y lineamientos.

El mundo de las «pics» ha cambiado todos los códigos y formas de comunicación interpersonal. Hoy es una de las más divertidas e interesantes aficiones globales. Es imparable. Todos quieren publicar su imagen en las redes sociales. Es un hábito que ha transformado la forma de relacionarse. Es la innovación total en la forma de comunicarse, contactarse, conectarse y hasta enamorarse.

Conseguir su mejor «pic» para publicarla en las redes es la búsqueda constante de todos los que se comunican en la Internet. O sea, millones de personas en el planeta. Y cada día son más. Algunos prefieren posar en grupos o con sus mejores amigos. Otros, salir en la foto solos para mostrar sus momentos memorables, ya sean los más importantes, o los más simples y sencillos de su cotidianeidad. Con la comida, en la playa, en la sala, en el trabajo, haciendo muecas y gestos, en la fiesta, en el carro, en el gimnasio...

Nunca antes estuvo tan presente en el imaginario colectivo el asunto de tomarse fotos. Las «pics» se imponen. En cada situación, en todas las poses, con muchas «pintas», para reflejar diversas emociones... Las «pics» le dan sentido de pertenencia y conexión a la nueva forma de comunicación virtual.

La fiebre de las «pics» ha llegado al punto que ya no solo se le pide a alguien desconocido que pasa por ahí en el momento justo de la foto el favor de tomarla, sino que se ha generalizado la práctica de las «autofotos» o «selfies», para tomarse su propia «pic».

Con el uso de las cámaras de los celulares, que toman fotos y videos de alta calidad, el mundo entero dio un giro hacia la revolución de las imágenes personales. Esto, unido a la fiebre de la comunicación por las redes sociales, ha obligado a la globalización a entrar en la era de la imagen personal. Su foto puede ser vista al instante hasta en el último rincón del mundo. Cada «pic» cobra vida en la conexión emocional que quiere transmitir la persona. Sin la menor duda, la «pic» es lo de hoy. Es parte de la marca personal o «branding».

La pregunta es: ¿cuál será su mejor «pic»? Cada vez que usted se va a tomar una foto, se arregla, compone, maquilla, peina y da la cara con su más lucida sonrisa... Valdría la pena imaginarse fotos en aquellos momentos en los que no está sonriente y con pose modelada, sino más bien con el ceño fruncido y la cara desencajada por el mal genio.

Un día yo estaba en ese plan y mi hija Ángela María, a escondidas, me tomó una foto. ¡Qué pena me dio! ¡Qué terrible cara la que tenía! Era una foto imposible de publicar. Ni aun el más profesional de los expertos en *Photoshop* hubiera logrado componerla. Desde ese día, cada vez que estoy con mala cara, aburrida o rígida, me imagino cómo me vería si mi hija me tomara una foto con su cámara escondida. ¡Y qué mala imagen se llevarían mis miles de amigos en las redes sociales si la publicara! Esa sería la peor «pic», la impublicable.

El análisis de las fotos como parte de esa comunicación en redes, un tanto compulsiva y ansiosa en el mundo de hoy, me ha llevado a aplicar, en sentido figurado, la dinámica de la «pic» a la imagen personal, desde el interior. Valga la comparación, porque me pregunto qué elementos debe llevar la «foto» de la autoimagen para que sea completa. ¿De qué manera podemos proyectar la mejor marca personal —*branding*— para que el mundo entero la vea y se lleve de nosotros la mejor impresión?

Después de años de investigación y diagnóstico como mentora empresarial, sobre el efecto que causan las personas con su comunicación, hoy le puedo decir, amigo lector, que su mejor «pic» para la vida es aquella que muestra estos tres componentes fundamentales y esenciales a los que se refiere este libro que tiene en sus manos: pasión, innovación y coraje. Si no contamos con esos tres elementos en la «pic» personal del día a día, nuestra imagen se verá simple, borrosa y desenfocada.

Antes de publicarla, etiquetar la «pic» con el nombre de los que aparecen es una de las prácticas preferidas de los jóvenes y personas de todas las edades que buscan un «me gusta» —«like»— de sus amigos y seguidores. Aún más, compartir una «pic» es considerado en esta comunicación virtual y global un hábito apasionante, que produce emoción y adrenalina.

A través de las páginas de este libro, espero empoderarlo por medio de claves y crónicas de vida que lo llevarán a crecer en esos tres indicadores del alto impacto en la comunicación inteligente (CI): pasión, innovación y coraje, como parte de su marca personal.

Si le falta alguno de ellos, dos o los tres, su capacidad comunicacional estará debilitada. No alcanzará los niveles de conexión necesarios para llegar a las personas de manera efectiva y tampoco conseguirá el impacto que necesita. No solo en lo particular, sino también en el resultado de su negocio, empresa, estudio y, lo más importante, en sus relaciones interpersonales.

Durante la investigación realizada en los últimos años acerca de las habilidades comunicacionales de las personas, he encontrado que estos tres indicadores son determinantes para conseguir el buen efecto esperado en el proceso de ser mentor empresarial o universitario. Me siento feliz cuando puedo ver la transformación tan impresionante que consigue un individuo cuando aprende a aplicar el modelo «pic». Pasa de una postura rígida, obsoleta y débil, a un cambio extremo de renovación y transformación total.

Espero que al leer este libro, usted consiga ese mismo resultado óptimo para su comunicación. Al final de la jornada leyendo, mostrará la imagen de un comunicador que sabe llegar, conectar e impactar, con pasión, innovación y coraje. La mejor «pic».

Sonia González A.

LA MEJOR «PIC» TRANSMITE PASIÓN

No tengo ningún talento especial. Yo solo soy
apasionadamente curioso.

Albert Einstein[1]

1 | CRÓNICA DE LA PASIÓN

Sofía Palmer: Imágenes de una «pic» transformada

LO PRIMERO QUE VERIFICABA Sofía Palmer en el bolso antes de salir de su casa era su moderno celular ultraplano con estuche violeta iridiscente. Brillaba con cambios de color, como las alas de una mariposa, según el ángulo desde el cual se observara.

Podía faltarle todo, menos su teléfono móvil. No porque necesitara comunicarse mucho, sino por su apego afectivo a la cámara de tomar fotos incorporada.

«Sería imposible vivir sin mi cámara», pensaba Sofía. «¡Qué desastre pasar un día entero sin tomar mis "pics"... No sé qué haría. La vida sin fotos sería como una película sin imágenes».

Aquel caluroso sábado de julio, en la bellísima ciudad de Fort Lauderdale, Florida, con sus tranquilos botes y yates blancos rodeados de aguas reposadas y románticos puentes que la atraviesan, Sofía supo que sería un gran día para dedicarse a la actividad que más le gustaba en la vida: tomarse muchas fotos, en todas las formas posibles. Amaba las «pics», eran su pasión.

«Tal vez...», pensaba, «sería mejor con el fondo perfecto de la playa en la zona de "Las olas", iluminada por el sol del verano».

Como todas las jóvenes de su edad —veinticuatro años— que nacieron en el seno de una familia de inmigrantes latinos en Estados Unidos, contaba con toda la gracia, belleza, calidez y sabor de las mujeres con ancestro hispano, pero a la vez guardaba con mucho orgullo, en la misma cartera, el documento identificatorio de su nacionalidad que la habilitaba como ciudadana americana.

Se sentía privilegiada por ser estadounidense de nacimiento, pero a la vez se enorgullecía de pertenecer a una noble y distinguida cuna de origen bogotano, colombiano, por la línea de su madre. Esta llegó muy joven, en los años ochenta, a la Florida y resolvió quedarse, atrapada por su encanto y por el brillo particular de cada una de sus playas y rincones paradisiacos.

Podía ser Weston, Pompano Beach, Sunny Isles, South Beach, Brickell, Bill Bags Cape, Crandon Park,

Aventura, Miramar, Pembroke Pine, Hollywood, Boca Ratón, Doral, Orlando, Bal Harbour, Fort Myer o cualquier otro de sus bellos rincones. Y cuando quería nuevas playas, tomaba un crucero por las Bahamas, lo cual era muy fácil y con la ventaja de no ser tan costoso. Por lo menos se trataba de una buena inversión para tomar nuevas fotos.

«¡Quiero muchas "pics" en la playa!», pensaba Sofía, mientras se dirigía en su auto para llegar a su destino. A veces usaba el GPS, pero por lo general solo iba con la radio encendida sintonizada en alguna emisora de buen jazz, como la 98.9 FM, su favorita, por los excelentes programas especiales de Latin Jazz que le encantaban para acompañar su viaje.

En cada rincón del Gran Miami, Sofía se había tomado decenas, cientos, miles de fotos que ahora conservaba en sus archivos digitales como una especie de «egoteca» para la posteridad. Cada una de esas fotos llevaba consigo un mundo de sensaciones y experiencias que se convertirían en recuerdos imperecederos e inolvidables. Todo, a través de una fascinante «pic».

Esa tarde de julio, su amigo argentino, Jorge Pucceti, otro latino bien llegado a Estados Unidos en busca de nuevas oportunidades, egresado de Literatura y Filosofía de una importante universidad de Boston, Massachusetts, le dijo a Sofía —con entonado acento de bonaerense instalado en América del Norte—:

«Y bueno... decíme, ¿por qué siempre querés tomar fotos en todo momento, tiempo, espacio y lugar? ¿A vos no te parece que es un poco exagerado capturar todos y cada uno de los eventos, hasta los más insignificantes y ridículos? A mí me parece un tanto desesperante. Sos absurdamente intensa con tu cuento de las fotos. ¡Pará ya!... ¡pará!... ¡pará!...¡pará!».

Sofía lo escuchaba con su sonrisa chispeante, sin prestarle mucha atención, ya que en el fondo sabía que no podía, no quería, no le importaba, no estaba en sus planes dejar de tomar fotos a cada instante, cada día. Era una parte vital de su cotidianeidad. De su estilo de vida. De su marca personal. Es más, todos esperaban por la mañana, por la tarde y por la noche la publicación en las redes sociales de las fotos nuevas de Sofía, con alguna ocurrencia o impertinencia auténtica y original.

Le parecía fascinante el encuentro con sus amigas y compañeras universitarias puesto que, al parecer, todas ellas también eran aficionadas al intenso ritmo de las «pics» diarias. Tenían fiebre de «pics». Aunque ella ostentaba el título de todos los récords de fotos tomadas.

«Quiero una en el salón de clases, otra en el corredor, una más en la cafetería», pensaba con entusiasmo mientras revisaba una a una las imágenes guardadas en su carrete en Instagram. «Y al salir, quiero una de todos juntos, con mi grupo de amigazos».

Pero eso no era suficiente. El fin de semana fueron fotos en el cine, en la fiesta de cumpleaños de Joseph Pérez, en el concierto del famoso cantante de vallenatos colombiano Carlos Vives, en el partido amistoso de futbol Colombia-Brasil. Con la cara pintada, en South

Beach o comiendo unos deliciosos mariscos en el original y rico restaurante «Buba Gum», donde evocan la magistral película de «Forest Gump» con el extraordinario actor Tom Hanks. Y claro, Sofía se quería tomar la foto justo ahí, frente al divertido aviso que decía: *iRun, Forest... run!* [¡Corre, Forest... corre!]».

Toda esa fanática afición por las fotos fue la antesala a lo mejor que le pudo pasar a Sofía: el nuevo apogeo de las famosas autofotos o *selfies*. Esa tendencia que adquirió una popularidad rápida e inesperada y que consiste en tomarse las fotos uno mismo con la cámara del celular.

Desde que se impuso la tendencia, ella adquirió una destreza impresionante para estirar el brazo al máximo y obturar el botón para tomarse fotos a sí misma, sola o con sus amigos. Ya no tenía que parar en la calle a quien fuera, porque ahora ella misma era capaz de voltear el lente de su cámara del celular de frente y tomarse las fotos que quisiera.

Claro, el asunto de la toma de las fotos tenía siempre un objetivo: publicarlas en las redes sociales para que todo el mundo las viera. Facebook, Twitter, Instagram... todas al mismo tiempo. De esa manera Sofía Palmer había logrado ser muy conocida e influyente en una comunidad de más de veinte mil amigos, que siempre le escribían algún buen comentario al lado de cada foto.

Pero lo más emocionante para ella era cuando le daban un «me gusta». Su autoestima se disparaba, su necesidad de sentirse admirada, amada y valorada se satisfacía. Eso era cada vez que más de cien amigos virtuales y reales le daban ese fantástico «*like*» a una de sus imágenes. Podía ser con poses de fantástica modelo, una muy casual o cualquiera muy natural, en las peores pintas, alegre y feliz celebrando algún evento, o triste y melancólica por una relación rota. De todos y cada uno de los momentos de su vida, Sofía tenía una foto para publicar en las redes sociales.

Esa mañana de julio, su guapo y brillante pero un poco aburrido amigo filósofo y literato, Jorge Pucceti, aún insistía en preguntarle acerca de su «adicción» existencial —según él— a tomarse fotos y publicarlas.

—¡Che!... Y bueno... De verdad no entiendo cuál es tu afán por las fotos. No disfrutás ni un momento del día si no estás frente a la cámara del fastidioso celular. De esa manera nunca podrás gozar tranquila de la verdadera vida, porque todo será una completa pose.

—No es verdad —replicó Sofía—, las fotos sí forman parte de mí, pero no lo son todo. Además, las «pics» son lo de hoy. Lo que pasa es que tú eres un retrógrado, obsoleto, jurásico, arcaico, fosílico y absurdo, que no sabe disfrutar las ventajas de la nueva forma de comunicarse con la gente por medio del fascinante avance de la tecnología.

»Además —continuó Sofía— si no te has dado cuenta, esta es la mejor manera de mostrar quién soy. Mi pasión por la gente, por los amigos, por la vida. Pero claro, eso es lo que tú no tienes y por eso no entiendes nada. Las fotos son el resultado de eso, justamente eso: p-a-s-i-ó-n. Con todas sus letras. Entiende de una vez por todas: me apasionan las fotos. Porque me apasiona la gente. Son una forma de dar alegría, entusiasmo, unidad, calidez, vigor, energía, luz. Al fin y al cabo, dar es mejor que recibir.

»Por medio de las "pics" siento que puedo dar todo lo mejor de mí, sin egoísmos ni egocentrismos. Aunque reconozco que sí tienen algún síntoma de egolatría. Pero si las sabes administrar, se pueden convertir en una forma noble, sencilla y genuina de dar amor y felicidad a los demás. Al prójimo».

Una adrenalina feliz

Publicar fotos digitales es una maravilla —insistía Sofía—, me produce adrenalina y me hace sentir feliz. Ninguna cosa que te produzca tan sana felicidad puede ser mala. A menos que fuera de verdad una adicción dañina. Esto es solo parte de la vida diaria de una persona normal hoy. Aunque tú nunca lo captes.

—Sí, pero no puedes pensar en una conversación larga, ni en desconectarte por un momento de las redes sociales que te mantienen literalmente enredada. No guardas tiempo para respirar aire puro, ni para contemplar un ave o una obra de arte en una galería, ni para caminar a solas y pensar en algún asunto importante.

»Deberías encontrar la forma de despegarte de la cámara y buscar, por ejemplo, un libro. O dedicarte un poco más al arte de pintar, que tanto te gusta. Eres una artista fantástica. Pero ahora solo dedicas tu talento, tus horas, tu esfuerzo, a tomar, editar y publicar fotos de manera compulsiva y ansiosa. Para mí, no cabe duda, eso no es vida».

—Relájate, no sabes lo que dices —le contestó Sofía, ya un poco molesta por la impertinencia de Jorge con el asunto—. Admiro tu conocimiento de la filosofía y la literatura, pero te has vuelto muy patético. Si de veras te propusieras entrar en el mundo de las redes sociales y supieras la delicia que es compartir los mejores instantes de tu vida con toda la gente que te aprecia, entrarías en la dimensión del arte *online*.

»Las imágenes publicadas en las redes —continuó Sofía— nos permiten a todos estar conectados en tiempo real, aunque nos encontremos en el lugar más alejado del mundo. Esta es la comunicación de la gente de hoy. Debes darte la oportunidad de experimentar otra forma de lingüística, más generativa, menos descriptiva y acartonada. Esta es la forma de expresión digital de la filosofía moderna. Aunque nunca lo aceptes por tu terquedad intelectual.

»Y te equivocas al censurarme y calificarme de vacía, fatua, intensa y compulsiva —le reclamó esta vez más visiblemente molesta Sofía—. Porque yo sí amo la pintura, como nadie, pero le tomo fotos a mis obras. Adoro leer un buen libro, que me dé herramientas para el crecimiento personal, pero me tomo la foto con la portada del libro y un delicioso café, para que todos sepan a qué autor estoy leyendo. Y por supuesto que disfruto la belleza incomparable del vuelo de una gaviota en un amanecer en la playa, pero me complazco aún más cuando le tomo fotos y hasta un video de segundos que puedo publicar de inmediato en Instagram para que todos lo disfruten conmigo. Es algo escalofriante. Me emociona. Me apasiona mucho. Es inevitable.

»Esa es la mejor forma de compartir con los amigos —continuaba insistente Sofía, esta vez como quien trata de persuadir a alguien de su error y atraerlo a una nueva propuesta—. ¡Imagínate! Puedo tomarme una foto contigo ahora y enviársela a mi amiga Betty Polanco que está estudiando en Corea... ¡Ven! Hagamos la prueba y verás cómo funciona».

Atrapado en las redes

La verdad, Jorge se sintió un poco atrapado por la idea de Sofía de enviarle la foto de ellos dos a su amiga Betty en Corea, ya que se trataba de una joven muy bella a quien él había conocido también en una reunión y le hubiera encantado poderla conocer mejor, pero no tuvo tiempo porque estaba muy concentrado en su última investigación. Esta sería la oportunidad perfecta para contactarla. ¡Aunque le tocara tomarse una de las cursis y ridículas fotos de su amiga Sofía!

De repente, con su golpeado ego de hombre interesante y guapo pero un poco arrogante, tuvo que sucumbir a la propuesta de la foto y le dijo a Sofía, como quien no quiere y con además de indiferencia: «Está bien. Toma la bendita foto de los dos y envíasela a tu amiga Betty, pero aclaro que es solo para que no molestes más».

Sofía corrió feliz en busca de su cartera para sacar el celular y lo trajo rápido, para no darle el chance a Jorge de que se arrepintiera de la pictórica decisión. Con habilidad excepcional tomó de inmediato más de veinte fotos desde distintos ángulos, con diferentes gestos, sonrisas y poses de los dos con cara de grandes amigos, dichosos por el instante grandioso de la «pic». En menos de diez minutos, ya se encontraban las fotos subidas a la Internet y publicadas en Instagram, Facebook y Twitter, con una leyenda que decía: «¡Por fin! Convencí a Jorge de tomarse una foto conmigo... ¿Qué opinan?».

La velocidad de las respuestas fue más impresionante aún que la rapidez de la publicación de Sofía. A los veinte minutos ya tenía el «me gusta» de más de cien personas. Y de ellas, más de sesenta comentaron el suceso. Algunos decían solo cosas como «genial», «fantástico», «me encanta», «buenísimo». Otros enviaban emoticones (o sea, imágenes de caritas con sonrisas, guiños de ojos, asombro, manos con señales de «buena esa», etc.). Aun otros fueron mucho más explícitos y concretos. Entre ellos la esperada Betty Polanco, que dijo una frase completa y directa, con agenda incluida: «Sofía, estás preciosa amiga, y tu acompañante muy guapo. Espero verte pronto. ¿Qué tal un café en Coral Gables el próximo mes de agosto? Voy de vacaciones. ¡Será grandioso!».

Y claro, no podía faltar un cierre expresivo, emotivo y sugestivo de Betty. Por eso el siguiente renglón llevaba una risa abierta y franca, muy usual entre los usuarios de las redes sociales virtuales que usan códigos para todo. Pero este de la risa es uno de los preferidos por todos, por la explosión de descomplicado ánimo que genera en el otro:

¡Ja ja ja jaaaa...!

«¿Viste Jorge?», le replicó Sofía, «mi amiga Betty le puso un comentario a la foto de los dos, y dice que va a venir a visitarme de vacaciones. Al parecer le gustaste. ¿Te das cuenta de lo importante que son mis fotos?... ¿Qué sería del mundo sin las "pics" publicadas?».

Jorge permaneció en silencio intentando aceptar las teorías de Sofía, aunque en el fondo no estaba muy convencido del asunto de las fotos como canal de relaciones interpersonales; le parecía un poco banal para su estilo. Sin embargo, por lo menos en este caso concreto de la comunicación con Betty, ¡sí que habían sido muy efectivas!

Aunque el orgullo herido no lo dejaba reconocer de plano la teoría de Sofía acerca de la importancia de las «pics» en el mundo moderno de la comunicación interpersonal, cada vez más virtual, en ese momento tuvo que bajar la cabeza y asentir lo que su amiga le decía.

«Está bien, está bien...», respondió Jorge resignado. «Acepto que en esta ganaste. Pero vos sabés que, de todas maneras, no estoy de acuerdo con tu fotoalienación. Tu enganche resulta para mí un tanto paranoico y trastornado. No importa si sale en todas las redes sociales y le dan miles de "me gusta", porque aunque parecen indefensos, divertidos e interesantes, no dejan de preocuparme. Para mí, son nada más que una forma de trastornar y volver obsesivas a las personas».

Un poco enojada por la testarudez de Jorge, en ese momento Sofía prefirió guardar silencio y seguir adelante con su empeño de tomar cientos de fotos en cada lugar para alegrarse la vida y poder alegrársela a los demás.

Le parecía que sus fotos incluso servían de amable y decente compañía para aquellos amigos que viven solos y se encuentran metidos en las redes todo el día, porque lo consideran una forma de amena comunicación. Aunque no es real, sino virtual, la gente siente que por lo menos es una manera muy divertida e interesante de tener nuevos amigos y seguidores en todo el mundo.

—Mira Jorge, está bien, reconozco que la afición a tomar miles de fotos y publicarlas en las redes puede llegar a convertirse hasta en un TOC (Trastorno Obsesivo Compulsivo). Pero eso no quiere decir que todos los que practicamos esta delicia de ejercicio con las imágenes todo el día seamos adictos a las redes sociales.

Es como todas las cosas en la vida, son buenas o malas dependiendo del uso que se les dé.

»Considero —continuó Sofía— que por el contrario, si son bien empleadas, las publicaciones pueden llegar a ser un canal de edificación para las personas. Como siempre, de acuerdo a los valores personales de cada uno. Se puede ser un aficionado a las fotos para publicaciones virtuales, pero sin exageraciones. Claro está, todo extremo es vicioso y, por consiguiente, nocivo, mal sano y perjudicial para la salud mental, física, emocional y espiritual de las personas».

—¡Mirá, vos! ¡Qué maravilla! —contestó Jorge con exclamaciones de ruidosa pero irónica celebración—. ¡Por fin lo reconocés! Y bueno, vos sabés que ese es justamente el primer paso para salir de un vicio: reconocerlo. Salir de la negación. Arrepentirse y querer cambiar, dirigirse a una nueva postura, alejada del vicio dañino. Porque si no pasás por ahí, será imposible lograr la transformación.

—Sí claro, lo reconozco. Pero también creo que se trata, como todo, de un asunto de equilibrio. Porque tú tienes que reconocer el beneficio tan grande que le traen a la sociedad las publicaciones en las redes, con una agilización poderosa de la comunicación, que permite la innovación, revoluciona todo el concepto de las relaciones interpersonales y lo redefine. Son muchos más los beneficios que los inconvenientes. Y pienso que aun estos últimos se pueden convertir en oportunidades de mejora. He dicho.

Palabras vs. imágenes

—Pero... ¿quién tiene en realidad la razón entre tú y yo? —replicó Sofía de nuevo—. ¿En verdad será mala la afición a las «pics» para las redes sociales? A mí me parece que los dos estamos iguales a los actores de la película *Words and Pictures*.[1] ¿La viste?

—No, aún no —respondió Jorge.

—Debes verla. Te la recomiendo —le dijo Sofía—. Es un extraordinario análisis de la importancia de las palabras y la relevancia de las imágenes. En la cinta interactúan dos profesores de una importante escuela; ella es maestra de arte y él de literatura inglesa. Es fantástica la trama y la forma como entran en una completa guerra personal dentro de la escuela para demostrar quién tiene la razón. Y la gran pregunta es: ¿qué es más importante: las palabras o las imágenes?

»Al final, ambos ganan, no solo una linda amistad que se convierte en un intenso romance, sino que salen de su absurda terquedad y cada uno le reconoce al otro el valor de su pasión. La pregunta persistente en toda la trama es: ¿qué puede ser más importante: las palabras o las imágenes? ¿Qué pasión es más valiosa, la que se siente por el arte o por la literatura? ¿Las imágenes o las letras? ¿La pintura o la poesía? ¿Un imponente cuadro del pintor inglés John Constable[2] o un poema del romántico británico William Wordsworth?».[3]

—¡Mamma mía! Me parece genial —replicó Jorge, esta vez con el entonado acento de su ancestro italiano, proveniente de los Pucceti—. Por fin dijiste algo interesante. Claro, porque saliste de tu submundo virtual que te tiene enajenada. Y mencionaste a dos de mis más grandes referentes en la pintura y la poesía inglesa. ¡Ahora sí la acertaste conmigo, bambina!

»Ese sí es el nivel de las conversaciones que yo prefiero manejar contigo. Si le apuestas a ese tema, tendremos mucho que compartir. Y por fuera de las redes. ¿Te das cuenta? ¡Fijáte Sofía!, de una vez por todas. Hay un mundo mucho más interesante, inteligente y profundo más allá de la ridiculez mediática y superflua de la Internet.

»Pero y bueno, al final, ¿quién ganó? ¡Decíme! ¡No seás mala! ¡No me dejés así con la historia! ¡Dale! ¡Decímela! —le pedía Jorge, ahora un tanto en broma.

Sofía sonreía de nuevo, pero esta vez con ese típico gesto del que sabe que tiene ganada la partida y la disfruta al máximo mientras ve la rendición y el desespero del otro, entregado ya a la triste realidad de sentirse vulnerable ante su superioridad y dominio.

Hubiera podido responderle en forma sarcástica. O haberle dicho algo como: «Averíqualo tú», o «No cuento el final de las películas, para que no se dañen, mejor ve y mírala tú mismo». Pero no. Su respuesta fue una especie de moraleja que terminó por convertirse para Jorge en una lección de humildad, de convivencia, pero más que todo fue una experiencia aleccionadora sobre el verdadero significado de la pasión.

—Creo que deberíamos comenzar nosotros también a reconocernos, a ser más empáticos, a ponernos en los zapatos del otro y pensar que quizás tenga razón en sus argumentos. ¿No te parece?

—Pues, si vos lo querés, estoy de acuerdo.

—En fin, creo que ahora lo importante es esperar a mi amiga Betty para que tengas un feliz encuentro con ella y, por supuesto, para que nos tomemos muchas fotos de los dos y del grupo, en todas las formas, sabores y colores. Lo quieras o no.

Pasaron varias semanas antes de que Sofía y Jorge se volvieran a encontrar. Se desconectaron por un tiempo, tal vez por la agitación del día a día estresado y acelerado de cada uno, que les impedía pensar en otra cosa que no fuera su trabajo.

El tráfico, las distancias, los quehaceres de cada uno, todo les impedía encontrarse con la frecuencia que querían. Ambos sabían que el otro siempre estaba ahí. Les sucedía como a todas las relaciones actuales. Porque la gente, agobiada por el estrés diario, no logra encontrarse por el peso de tantas tareas que ahogan y ofuscan las posibilidades. Pero es bueno, de todas maneras, contar con el otro. Y claro, saludarse en forma virtual de vez en cuando. Esa es la opción más viable. A veces la única.

Al cabo de un mes exacto, Jorge decidió llamar a Sofía, motivado por su interés en su amiga Betty, que suponía llegaría para esa época de vacaciones. Así fue. La linda Betty llegó al Aeropuerto Internacional de Miami y Sofía fue a recogerla, junto con Jorge.

Todo transcurría muy bien entre Jorge y Betty. Comenzaron a salir a sitios interesantes, a restaurantes; paseaban en yate y pasaban las tardes en la playa. Sin duda, ella era una mujer muy bella. Pero algo faltaba para que se lograra la conexión emocional entre ellos. Era metódica, directa, resuelta, determinada y con un sentido muy práctico de la vida.

En un momento dado, Jorge llegó a pensar que podría ser la mujer de su vida, por lo que comenzó a conquistarla para que continuaran una relación un poco más profunda, aun a pesar de la distancia. Sin embargo, algo extraño le sucedía. El nivel de interés empezó a bajar de manera lenta, pero progresiva.

Los días finales de la estadía de Betty en Florida coincidieron con un viaje de trabajo de Sofía, que tuvo que partir para las Islas Canarias, España. De manera que Jorge y Betty se quedaron solos en la ciudad. Ella insistía cada día en organizar una nueva agenda con programas y planes que a Jorge le empezaron a parecer aburridos y sin sentido.

Siempre estudioso, se dedicó entonces de lleno a sus investigaciones de literatura hispana contemporánea para la universidad. Investigó acerca del «realismo mágico», del gran Nobel colombiano Gabriel García Márquez y de las obras del Nobel peruano, Vargas Llosa. También estudió algo sobre el poeta argentino Jorge Luis Borges y, por supuesto, algunos de los escritores actuales que comienzan a conquistar el mundo de las letras con sus nuevas obras sobre tópicos diversos como el liderazgo, la comunicación, el crecimiento personal y la inteligencia emocional. Le parecía fascinante el rico legado de la literatura hispana para el mundo entero. Algo digno de ser analizado y estudiado a profundidad.

Para llegar al café de Coral Gables, donde siempre se sentaba por horas a leer y escribir sus apuntes investigativos, debía pasar por bellos lugares que le habían producido un notable interés, pero de pronto le parecían un poco fríos, grises y sin brillo. No entendía qué le pasaba, pero estaba muy desinteresado por todas las cosas. Había perdido las ganas de salir con los amigos, y de repente todo le parecía aburrido y sin sentido.

Pasaron varios días igual de planos y gélidos, a pesar del verano con sus fiestas y su ambiente divertido lleno de turistas exóticos de todas partes del mundo, que llegaban a las playas de Miami en busca de sol para broncearse, playa para descansar, restaurantes y espacios para divertirse.

Jorge sabía que Betty se encontraba en la ciudad, pero poco a poco se le había olvidado que existía y ni siquiera la volvió a contactar. Había perdido el interés por llamarla. Como si su belleza física no fuera suficiente para motivarlo. Entre tanto Sofía en Canarias, distraída, entretenida y feliz en su viaje por las bellas y fascinantes islas, no se cambiaba por nadie. Se sentía plena y dichosa en cada lugar donde llegaba. Podía tomar las fotos más hermosas que hubiera podido lograr en su vida. Unas en Tenerife, otras en Gran Canaria, algunas en Mayorca.

¡Era un mundo impactante! Y ella no quería perderse ni por un instante las imágenes que veía a su alrededor, para capturarlas y subirlas a la Internet. En poco tiempo contaba con una avalancha de fotos extraordinarias; no se cambiaba por nadie.

Confrontación en la lejanía

Jorge se levantó esa mañana con una curiosidad quisquillosa por ver las nuevas fotos de Sofía publicadas en sus redes. Quería volver a criticar su euforia virtual. Tener alguien con quien ser algo incisivo, áspero y mordaz.

Ni siquiera desayunó, ni se bañó, ni se alistó con su estilo metódico, pulcro, bien planchado y perfumado para salir a su quehacer diario. Tampoco se detuvo a disfrutar como siempre la espectacular vista hacia la bahía que tanto le atraía y que era su motivo de orgullo ante los amigos que venían a visitarlo de vez en cuando a su apartamento de soltero en un edificio tipo «loft» en la zona de Brickell. Esta vez se sentó inquieto en el fresco sofá blanco y, sin pensarlo más, tomó su teléfono iPhone 6 y entró a revisar las publicaciones de su amiga con ánimo de lanzarle alguna sátira o burlarse de alguna de sus poses. Jorge formaba parte de los tantos censuradores ofensivos de oficio que aparecían en las redes sociales para dañarle el ánimo y la fama vertiginosa a alguien con una buena imagen y miles de amigos en las redes.

Se decía a sí mismo para justificar su repentino afán de buscarla entre sus amigos de Facebook: «Hago esto porque no quiero perder la costumbre de criticar a Sofía en su afición por las "pics". Ahora debo encontrar la forma de oponerme, así sea a larga distancia, pero a solo un clic de bloquear con mi comentario alguna de sus últimas fotos publicadas. Claro, y sin darle ningún "me gusta" para no permitirle que se ría de mí cuando venga, por haber "caído en su red"».

Pero resulta que sucedió todo lo contrario. Porque cuando vio las fotos de Sofía en los maravillosos escenarios de las Islas Canarias, Jorge comenzó a experimentar un impulso diferente al de la consabida obcecación satírica contra Sofía y sus imágenes virtuales. Esta vez el sentimiento fue distinto, muy particular. De repente experimentó de nuevo la energía que sentía cuando Sofía tomaba las fotos con tanta pasión por la gente, por los paisajes y por cada detalle de la vida, hasta el más insignificante. Una extraña sensación de agrado lo acompañaba a medida que pasaba en su pantalla digital cada una de las imágenes.

Lo curioso era que, en vez de verla ridícula, cursi y hasta desatinada, la empezaba a admirar por sus innumerables «pics». Lejos de verla fastidiosa y majadera, la veía encantadora, en medio de su estilo natural, más bien simple, desarreglado y despeinado, pero vibrante y fascinante. Empezaba a disfrutar esa forma apasionante y única de ser de Sofía, que vivía cada momento con tanta intensidad, entusiasmo, ganas, fuerza interior, ánimo y pura pasión. En ese momento, a través de sus fotos, ella ejercía sobre él un poder especial que derretía su carácter de hielo.

«Bueno», pensó Jorge un poco preocupado. «Pero, ¿qué me pasa? Seguro que esto es producto de los efectos emocionales que a veces hace surgir la lejanía. Aunque en muchas ocasiones nos hemos dejado de ver por días y semanas enteras, ahora es distinto. Este distanciamiento me confronta y hasta me lleva a ver grandioso aquello que me ha parecido cursi, absurdo y ridículo en los últimos años; eso que puede hasta tornarse insoportable e insufrible.

»Me impresiona que ahora esas imágenes ejerzan sobre mí una atracción incontenible», continuaba Jorge con sus reflexiones, «como si se tratara de alguien que no hubiera visto jamás. ¡Qué mal estoy! No lo puedo creer. Lo que siempre he visto estúpido, hoy lo veo fantástico. Sí. Sin duda se trata del efecto distancia, que puede convertir en ideal virtual una fatal realidad». De esa manera Jorge se justificaba y se animaba a sí mismo por sus nuevas y extrañas emociones al ver las «pics» de Sofía en Instagram y Facebook.

El problema era el latir firme del corazón que no le dejaba mentirse. Le afirmaba ese extraño sentimiento que a veces solo perciben los hombres cuando ven disipada, lejana y distante a esa persona que han tenido tan cerca y que no han sabido valorar ni apreciar por la obstinación y la rudeza de su propio ego.

Lo peor de todo era reconocer que las imágenes subidas a las páginas virtuales de Sofía sí surtían un efecto de conexión emocional sobre él, a pesar de haber sido tan crítico y resistente a ellas. Cada sonrisa, gesto, movimiento, ademán, mirada, accesorio, atuendo... las imágenes de ella etiquetadas le producían una sensación cada vez más real de cercanía, que terminaba por convertirse en un sentimiento parecido al afecto, pero con rasgos de encanto y simpatía personal. Temía pensar que se tratara de algo así como una fórmula básica de química personal que siempre había estado ahí, pero que no había podido descifrar ni aceptar.

Jorge supo entonces que estaba enfrentado a dos situaciones: por un lado, reconocer el poder de las imágenes virtuales de Sofía, que tanto había rechazado. Por el otro, aceptar que extrañaba su presencia apasionante para sentirse motivado. Que su sonrisa era como un transformador de la atmósfera, por su inusitada, sencilla e ingenua calidez. Ahora, sin ella, se sentía bajo de nota, desanimado, aburrido y hasta deprimido. No quería ver a nadie.

Desencanto virtual en Canarias

Mientras tanto en Canarias, en un crucero de fantasía al que la invitaron las empresas patrocinadoras del evento, en primera clase, Sofía disfrutaba cada instante con la misma intensidad que en Florida o en cualquier lugar del mundo.

Con la diferencia de que, esta vez, había comenzado a sentirse extraña, porque empezaba a cansarse de tomar tantas fotos. La obsesión por capturar hasta los detalles mínimos a su alrededor había menguado, producto de la fascinación directa y real que le causaban cada uno de los lugares visitados en las islas, realmente impactantes.

Estaba tan concentrada en todo lo que decía la guía turística, que le empezó a parecer hasta molesto y cansón tomar tantas «pics». Prefería disfrutar consigo misma cada momento, sin tener que enfrascarse en el lío de las fotos, que le quitaba tanto tiempo.

Y fue en ese momento, mientras contemplaba absorta y ensimismada el nítido y maravilloso tono agua marina del océano en Tenerife, que recordó a su amigo y pensó: «¿Será que Jorge tenía razón? ¿Que he sido una obsesiva compulsiva con el tema de tomar fotos cada día en todo momento y lugar? Ahora, desde aquí, puedo ver que no tiene sentido estar tan concentrada en capturar imágenes de todo lo que tengo al frente, si me pierdo cientos y miles de situaciones, objetos y personas maravillosas a mi alrededor.

»No puedo creer que sea yo la que está pensando esto... es en verdad inverosímil».

Con cierto ademán de humilde reconocimiento, tomó su teléfono celular con la cámara y lo guardó en el fondo de su bolso, un original de Loui Vuiton que había comprado durante su último viaje a París.

«A partir de hoy, voy a iniciar una "desintoxicación" progresiva de esta "adicción" mía a las fotos y a las publicaciones en las redes», pensó Sofía.

«Reconozco que se me ha vuelto perturbadora esta afición que comenzó muy sana. Hasta me ha generado una neuralgia y una tensión muscular insoportables en el cuello y la espalda. Por eso creo que ya toqué fondo y que debo salir de mi negación y reconocer que necesito parar con la toma de las "pics". Aunque me duela tanto».

En ese momento el celular se quedó sepultado en el fondo de su bolso Loui Vuiton, donde reposó por varias horas, días y semanas. Todos comenzaron a extrañar las «pics» de Sofía y le enviaban mensajes con los que le reclamaban su inesperada y abrupta desaparición de las redes sociales. Algunos pensaron que se había casado con algún extranjero que de pronto se la llevó lejos del país.

Ella estaba mejor que nunca, porque todo su potencial, su pasión y su calidez se habían redireccionado a los momentos felices y sencillos de la vida, sin mantener el estrés de tener que publicarlos para agradar a todos sus «amigos» virtuales y comentarles cada una de las acciones y hechos que viviera en su realidad diaria.

Un día de octubre, cuando ya asomaban las brisas más frías de la temporada de otoño, con el ingreso de las hojas en tonos sepia, amarillo seco, rojo, café, beige y morado, Sofía decidió regresar a Florida, con el archivo del celular sobrecargado de fotos de las Islas Canarias... pero con la dicha de haber parado por un tiempo, para sentirse libre y descansada, sin la presión de sus propias publicaciones.

Reencuentro de sinceridades

Cuando se enteró de la noticia del regreso de Sofía, el primero en llamarla para saludarla fue Jorge. Pero al intentar comunicarse con ella no consiguió respuesta. Muy extrañado por la desconexión de su celular, trató de encontrarla de otra manera, por medio del contacto de algún amigo común o por el correo. Y así fue como la consiguió.

«Querida Sofía», le escribió en su correo electrónico Jorge, «supe que regresaste y me gustaría invitarte a cenar o a tomar un delicioso café colombiano en algún lugar especial que quieras visitar y... por supuesto... con la cantidad de fotos que quieras tomar».

Por el tono y contenido del mensaje, Sofía se dio cuenta de que Jorge aún no conocía su intención seria y determinada de no continuar tomándose fotos a cada minuto.

«¡Qué mensaje tan extraño», pensó Sofía. «Por primera vez no solo no me habla en tono despectivo de mis "pics", sino que hasta me invita a que tome las que quiera, con cierta sensación de agrado. Eso sí que me desconcierta.

»¡Bueno! Puede ser que este "milagro" sea en dos vías y que, así como yo comencé este cambio de actitud acerca de mi forma de comunicación respecto a las fotos que me obsesionan, también él haya recapacitado y cuente ahora con una postura distinta hacia el mundo de las imágenes y las fotos en las redes sociales... ¿Será? Creo que eso sí sería lo máximo en transformación, un verdadero intercambio de reconocimientos, un reencuentro de sinceridades».

Le encantaba la idea, pero se dijo a sí misma: «¡No! ¡Sofía! Deja de armar videos que no tienen ninguna validez. Eso sería imposible. Que tú quieras una transformación de tu comunicación no implica que ahora otros también la quieran adoptar. ¡Aterriza! O el golpe con la realidad será grande. La verdad es que ese Jorge es un antipático y no puedes seguir siendo la misma ingenua y confiada de siempre. De nuevo... ¡aterriza! O te darás una dura estrellada con la realidad».

Se recompuso la blusa, se arregló un poco el largo pelo despeinado con la plancha de titanio para alisar pelo rizado y tomó la actitud de alguien que sale a enfrentar la vida sin artilugios raros. No necesitaba ahora dar explicaciones a nadie acerca de su cambio comunicacional, dar porqués acerca de su abandono parcial de las «pics».

«Claro, no se trata de que nunca vaya a tomar unas fotos», pensaba, «lo que pasa es que ahora le pondré a este tema un poco de inteligencia emocional, con autorregulación y autocontrol, para que no termine por controlarme a mí, como si fuera una persona que no cuenta con ninguna gobernabilidad ni dominio propio».

Le había servido mucho acudir a la tradicional iglesia cristiana de Fort Lauderdale, a la cual iba cada vez que sentía la necesidad de encontrarse con Dios y contarle algunos de los desastres —o aciertos— que le sucedían. Ese domingo el pastor habló, precisamente, acerca del dominio propio como fruto de un carácter y un espíritu transformados.

«¡Eso es lo que yo necesito!», pensaba, mientras el predicador hablaba. «No quiero seguir controlada por mis impulsos. Porque hoy es el de las "pics", pero ayer eran las compras compulsivas o la comida, y mañana podría ser cualquier otra cosa. Sin duda, el problema no son las fotos, el problema soy yo, que me dejo dominar por los impulsos exagerados».

En ese momento, Jorge volvió a llamar en un nuevo intento ya casi desesperanzado de encontrarla. Pero esta vez ella le atendió y le contestó.

—¡Sofía! ¡Por fin! —dijo Jorge desde su celular—. ¡Qué bueno saludarte! Me urge conversar contigo. Estoy un poco sorprendido porque no has vuelto a subir tus famosas «pics» a las redes sociales, las que, te confieso, empiezo a extrañar de verdad.

—Hola Jorge —contestó Sofía, nerviosa. Con su brillo usual esta vez opacado, casi perdido entre la voz tenue, dijo—: Tienes razón. No he vuelto a subir fotos a mis redes sociales, pero no es porque pase nada malo. Al contrario, creo que ahora vendrán cambios importantes que me permitirán estar mucho mejor o, por lo menos, mucho más sensata.

—Pero... ¿por qué decís eso? —replicó Jorge muy sorprendido—. Y sobre todo, con ese tono tan trascendental, tan extraño, como si estuvieras decepcionada o frustrada por algún motivo en particular. No pareces tú. Mejor dicho, no eres tú... la apasionada, vibrante, intensa, cálida, alegre y llena de energía.

—Pues, justo por eso lo digo —le contestó Sofía—, porque he sido demasiado intensa con el tema de las «pics» y ya no quiero serlo más. Basta. Se acabó. Estuvo bueno hasta aquí. Debo superarlo. Fue nada más una etapa, pero creo que a partir de ahora será prueba superada. Ciclo cumplido. He cerrado el círculo vicioso de la adicción a las fotos.

—¡Eso no puede ser! —dijo Jorge—. ¡Vos sabés que esas fotos son parte de tu estilo, de tu vida y de todo lo que proyectas a los demás con tanta alegría. Es tu marca personal... ¿Cómo vas a soltarla de un momento a otro, sin más ni más? Eso no se vale.

»Vos sabés todo lo que me costó aceptarlo. Pero ahora que han pasado estos meses y que estuviste lejos, me di cuenta justo de eso, de que tú tenías razón. Cada "pic" que tomabas tenía vida propia. Y no solo por la imagen que reflejaba y que publicabas con tanta creatividad e ingenio, sino por todo lo que proyectabas a tu alrededor. Nos hacías sentir vivos. Felices. Y eso, mi querida Sofía, no se compara con nada.

»Por favor, disculpáme por haberte hecho sentir tan mal con el asunto, hasta llevarte al punto de creer que la toma de tus "pics" era un vicio fatal. Por el contrario, ahora pienso que se trata de una pasión sana, genuina y conveniente para todos. En especial para ti.

»Mírate... —continuó Jorge—, has perdido tu chispa, tu brillo. Parece como si te estuvieras apagando y hubieses dejado de ser tú misma. Eso no lo voy a permitir... Si vos querés, yo me humillo y me paro encima del puente de la calle principal de Fort Lauderdale a pedirte perdón y le grito al mundo entero que estaba equivocado, que soy el peor amigo y que le he hecho un daño fatal a una mujer maravillosa, al robarle su sueño, su dicha, su pasión y, ante todo, su motivo de felicidad.

»¿Con qué derecho? ¡Por Dios santísimo! —continuaba Jorge, furioso consigo mismo—. Soy un imbécil, un truhán, un rufián o... como se diga... Tú no mereces esto. Ya mismo voy a ir a ese puente y todo el mundo va a saber que la culpa de tu silencio en las redes es mía. Lo asumiré. No me importan las consecuencias.

»Aunque todos me odien y me trinen las peores cosas en Twitter —seguía Jorge, cada vez con el tono más alto, con mucho ímpetu y vehemencia—. Pero lo que no voy a aceptar es que cambies tu forma de ser, que se apague tu luz y que miles de personas pierdan esa dicha de verte cada día con todo ese amor y alegría que transmites y que le impartes a la gente.

»Porque déjame decirte que, todo este tiempo que estuviste en Canarias, me di cuenta de que el asunto es mucho más que simples fotos... Lo que tú comunicas a la gente en cada imagen publicada es ganas de vivir, de sonreír y de seguir adelante, motivada por tu don de inspirar a ser mejores personas, a conectarse con la vida y con ellos mismos, desde el lado más amable que he conocido: las "pics"».

Llanto sin aspavientos

Sofía, asombrada, extrañada y hasta un poco pasmada por todo lo que pasaba, comenzó a llorar sin aspavientos ni afectaciones, solo algo confundida y con lágrimas que le rodaban por las mejillas. Parecía que no podía pronunciar palabra alguna. La verdad, no entendía nada de lo que pasaba. Todo había dado un giro tan inesperado y extraño en la postura de ella y también en la de su amigo Jorge, que no podía entender ni explicarse lo que sucedía.

Pero una cosa sí era clara para ella en ese momento: el impacto de sus «pics» comenzaba a verse por fin en el corazón de hielo de Jorge, ahora derretido, gracias al cálido efecto que ella le había demostrado, contra corriente, en cada una de sus fotos.

De repente, mientras se secaba las lágrimas mezcladas con el maquillaje, comenzó a reír y a agarrarse la cabeza a dos manos para decir:

—Esto es inverosímil. No puedo creer que esté pasando. Tú, Jorge, el frío, descortés, intransigente, pertinaz y testarudo, estás reconociendo el valor de mis «pics»… De verdad que esto sí es un cambio. No salgo de mi asombro.

—Mucho más que eso —le contestó Jorge muy determinado—. Por supuesto que te doy la razón acerca del valor de tus fotos, pero lo que más reconozco es tu pasión contagiosa, tu valentía para publicarlas, tu espíritu siempre alegre y lleno de energía que nos desborda y nos devuelve el entusiasmo perdido. Debes volver a ellas —le dijo Jorge con humildad— porque si no… ¿quién nos va a impulsar a vivir de manera apasionante y a tener fuerza interior? Tus publicaciones son como rayos de luz que irradian vida y que Dios nos envía por medio de ti para tocarnos el corazón con tus chispas de humor, irreverencia y energía.

En ese momento, Sofía se secó las lágrimas de nuevo, pero esta vez sería para no llorar más, porque comenzó a sonreír y luego a reír a carcajadas:

—Gracias mi Jorge… Perdón… ¿Te puedo decir así? —le dijo Sofía, con su sonrisa amplia, chispeante y generosa de regreso al escenario—. Te prometo que volveré a publicar las «pics»… No sabes ni te imaginas la alegría que me das con esta transformación que veo en ti. Siento que todo el esfuerzo valió la pena. Y claro que estoy dispuesta a perdonarte.

»Al fin y al cabo —continuó Sofía— tampoco creo que tú eres el "culpable". He sido yo misma la responsable por no mantener el equilibrio en mi comunicación, porque me dejé llevar por la adicción a las redes sociales. Ahora las voy a utilizar, pero con asertividad. Como un medio para llevar, como tú dices, alegría, paz, inspiración, reflexión y sano esparcimiento a la gente. Pero también me ocuparé de mantener mi vida propia, de no dejar de comunicarme con los amigos, de desconectarme para que nos conectemos... ¿Te parece?».

—Sin duda —le respondió Jorge—, todo esto es un asunto de equilibrio. Yo también necesito conseguirlo. Porque he sido un exagerado con mi posición en contra de las publicaciones virtuales. Tú tienes toda la razón. Esa es la comunicación de hoy y no podemos estar ajenos y alejados de ella. Por el contrario, debemos utilizarla como una oportunidad para llevar vida, principios, valores y, claro, mensajes de calidad.

»¡Fijáte...! —agregó emocionado—, hasta se me ocurre que voy a iniciar yo también una estrategia en las redes sociales para comenzar una campaña de sensibilización hacia la literatura de calidad. Para educar a las personas en cuanto a lo esencial de la lengua española y contarles mucho acerca de las historias de grandes autores, sus pensamientos, frases célebres, fotos, todo... Será una especie de aula virtual, a mi manera, que seguro tendrá muchos seguidores. Muchos más de los que podría lograr con un aula presencial...

»De esa manera —continuó Jorge emocionado— cumpliré mi objetivo de volver los ojos a la buena literatura, que tanta falta nos hace a todos en el mundo entero, tan lleno de mensajes superfluos, mal escritos y hasta mal intencionados.

»¿Te imaginás vos utilizar las redes sociales como un medio para difundir los valores que el mundo ha perdido y dejado ir por entre las alcantarillas como si fueran tesoros desperdiciados y sumidos en el mal olor de la podredumbre y la corrupción que tanto daño ha hecho a nuestros países?

»Por el rescate de esos valores, mi querida y bella Sofi... ¿Te puedo decir así?, por el rescate de esos principios solamente, valdría la pena dedicarse con mucho tino y calidad literaria a las redes sociales como canal de transformación.

»¿Te parece bien si le apostamos a eso? Tú, desde tu lado de las fabulosas imágenes, con muchas "plus" en cada rincón del planeta, transmites valores como la calidez, la alegría, el amor, la felicidad, la sencillez... Y yo, con mi pluma de escritor, para mostrarle al mundo cómo se forja, a partir de la belleza de las palabras y la lingüística ontológica del ser, un mundo de respeto, verdadera paz, integridad, transparencia y excelencia».

—¡Fabuloso! —respondió Sofía emocionada y saltando de alegría sobre el sofá de cuero blanco de su casa, con el brillo de las pupilas recuperado—. Me parece sencillamente sensacional. La gran conclusión, entonces, es que podemos continuar con nuestra pasión por las imágenes y las palabras, pero transformadas en una nueva versión, intencional y estratégica, para forjar valores y traer alegría a las miles de personas que nos siguen y le dan «likes», a lo que publicamos...

—Así mismo es —contestó Jorge ya más tranquilo y contento por recuperar la sonrisa de Sofía.

Influencia para transformar

—¡Qué felicidad! Es el estado perfecto... —contestó Sofía—, poder continuar con mis «pics», pero ya no en forma indiscriminada, sino con un sentido, propósito e intencionalidad claros, que se conviertan en parte de nuestra forma de aportar al mundo algo que sirva y que pueda transformar aun la cultura comunicacional de la gente que nos sigue. Me parece que es una forma fantástica de ejercer influencia.

—Exacto —respondió Jorge, también muy emocionado, pero demostrándolo a su manera, mucho más tranquilo, cerebral, pausado y centrado—. Eso sí que será aportar calidad al mundo.

—Y no solo eso —dijo Sofía, dichosa con la idea del cambio comunicacional en los dos—. Creo que a través de las imágenes y las palabras que publicaremos nos encontraremos también a nosotros mismos, con lo que amamos ser y hacer, con nuestra pasión verdadera en la vida.

—¡Sí! —dijo Jorge, esta vez tan emocionado como ella por haber descubierto la forma de transformar un desastre en una dicha. Y ante todo, por verla a ella feliz, ya no deprimida, sino tan contenta como nunca antes la había visto.

En ese instante glorioso, que no dejaría pasar, o se lo reprocharía para siempre, Jorge se inclinó hacia el rostro de ella despacio y le dio, en la mejilla, el beso más bello y sincero de su vida. Sabía que entre los dos pasaba ahora algo más poderoso que las palabras y las imágenes. Era la explosión interna entre la pasión por las fotos, unida a la pasión por las letras, que comenzaba a convertirse en una sola sinergia poderosa. Pasión personal.

—No sé aun si una imagen vale más que mil palabras... O si una palabra es más poderosa que todas las imágenes del universo. Lo que sí sé es que, si las unimos en nuestras redes, podremos conseguir la mejor comunicación. Sin duda, será la mejor «pic» que hayas tomado y publicado.

—Así es —contestó Sofía, aún un poco impactada por el beso—. Será la unión acertada de dos fuerzas que se encuentran y se desbordan en una sola: imágenes y palabras. Con equilibrio. Que fluyen, más allá de la emoción y la afición pasajera, dispersa, ansiosa y compulsiva, para convertirse en la auténtica y transformadora pasión. Esa será, mi querido Jorge, la mejor «pic».

2 | SIN AMOR NO HAY PASIÓN, SIN PASIÓN NO HAY COMUNICACIÓN

ASÍ COMO LA DE SOFÍA Palmer y Jorge Pucceti, cada día se tejen historias fascinantes en las redes sociales. Muestran la complejidad lingüística y emocional de la comunicación virtual actual, con apariencia de sencilla, fútil, baladí, trivial, insubstancial, vacía y frívola, pero con el emocionante resultado de millones de personas en el mundo de la globalización, que en lo habitual producen crónicas de vidas entrelazadas con hilos en dos direcciones fascinantes: palabras e imágenes.

Puedo decir a ciencia cierta, como mentora empresarial y de maestrías en universidades, como conferencista y *speaker* internacional de convenciones, que la pasión es un valor definitivo en el amplio, vasto y fascinante universo de la comunicación. Sin pasión, no hay comunicación.

Puede que exista hasta una interesante información, o una buena publicación, pero es la pasión —y solo ella— la que logrará llevar a ambas partes —el emisor y el receptor— a un nivel mucho más inteligente, sensorial, neurológico, espiritual y ontológico del mensaje que transmite desde el ser. No desde el saber, hacer o tener.

Vivir con pasión lo que se dice es definitivo para el éxito de la comunicación. Porque la pasión es, además de un valor fundamental, una competencia personal que implica ir más allá de las palabras, de la mera descripción, de la simple emoción, a un nivel más alto de proyección, conectada con un factor clave: darlo todo, sin reservas, hasta la última gota, casi que hasta el dolor.

Entre las frases más célebres y hermosas de Teresa de Calcuta se encuentran: «Dar hasta que duela, porque el amor verdadero duele. Por eso hay que amar hasta que te duela [...] El amor, para que sea auténtico, debe doler».[1]

Eso sí que es pasión, unido a un componente fascinante: la abnegación.

Ahí está el gran secreto. Lo que diferencia a un comunicador de otro es, por encima de todo, la pasión con que proyecta su mensaje. No cuánto sabe del tema. El ideal, insisto siempre, es reunir ambas cosas: conocimiento y pasión. Entonces la comunicación será en realidad completa.

Conozco mucha gente conocedora y experta en su tema, pero que no logra nada en la audiencia porque no transmite con pasión. En cambio, he visto a algunos que proyectan lo poco que saben con tanta pasión que logran altísimos niveles de persuasión y alto impacto.

La pasión se transmite cuando existe una entrega total del comunicador a su audiencia. Sea en público o cara a cara. Pero para que sea genuina, solo puede estar basada en el número uno de los valores: el amor. El amor verdadero. El de la entrega. El que todo lo sufre, lo puede, lo espera, lo soporta y nunca deja de ser. Que no busca lo suyo, ni se envanece, ni guarda rencor, ni se goza con la injusticia, sino con la verdad. Porque todo se acabará, las palabras, las imágenes, las «pics», todo. Pero el amor permanecerá para siempre (1 Corintios 13).

Cuando se ama de verdad y en forma rotunda, tanto al asunto que se quiere transmitir como a las personas a quienes se les transmite, el grado de persuasión y el nivel de alto impacto deben elevarse de manera exponencial. Así se logra una proyección sin reservas. Es la pasión lo que marca la diferencia entre una comunicación extraordinaria y una rutinaria.

Según el *Diccionario de la Real Academia Española de la Lengua* (RAE), «pasión» significa «acción de padecer».[2]

La pasión se relaciona en forma directa con el involucramiento del ser. Solo se experimenta una auténtica pasión por aquello por lo que se daría la vida. Aplicado a la comunicación, es evidente que cuando una persona ama su tema lo transmite con tanta fuerza interior que se entrega a su público, le da la vida entera. Cuando termina su disertación, se siente grata y satisfactoriamente drenada. Por eso la pasión es una virtud imprescindible para una comunicación óptima. Su público, sea un auditorio internacional, o sus amigos, sabe discernir si les está dando todo de sí, o si solo se encuentra ante un orador con reservas personales, que no se conecta por su falta de pasión. Y es a eso a lo que se le suele llamar un discurso «plano».

El déficit de pasión del comunicador puede ser el fin de cualquier presentación y el bloqueador número uno de la asertividad. Sin pasión, hasta podría lograr impactar por su conocimiento técnico, pero nunca será un presentador de alto impacto.

Al final, la pasión es el resultado del amor por el asunto que trata y, por supuesto, por quienes le escuchan. Se le notará de inmediato, desde el saludo y la primera línea de su presentación. Tanto en un auditorio para miles de personas, como en una sala de juntas o el aula de la universidad; en el restaurante con la pareja o en la mesa del comedor de la casa con la familia.

Amar a Dios por encima de todo y con toda su alma, mente y fuerzas sí que se le notará en la esencia de sus planteamientos y de su plantaje personal. Después, amar a las personas como si se tratara de usted mismo. Y, por supuesto, amar de verdad el tema que expone será el requisito imprescindible para producir alto impacto.

Sin amor no hay pasión, sin pasión no hay comunicación. Porque cuando usted habla de algún aspecto de la vida o de su trabajo sin conexión emocional —*rapport*—, no pasa de ser un transmisor de ideas frías y sin vida. La gente lo percibirá como aburrido, desconectado y distante.

Si no ama lo que dice, pronto se sentirá su distanciamiento del contenido. Comenzará a proyectar en su público, cualquiera que este sea, una desconexión letal para el mensaje. Pero si proyecta amor por su tema, se sentirá en el ambiente un clima ameno y grato. Una atmósfera cálida y agradable. Un clic inmediato que solo produce la pasión sin límites.

Muchos aseguran que el secreto para ser feliz es hacer lo que a uno le gusta y no otra cosa. Una frase popular dice: «El secreto de la felicidad no está en hacer lo que se quiere, sino en querer lo que se hace».[3] Porque si quiere lo que hace, transmitirá todo el tiempo la pasión necesaria para conectarse con la gente. Por eso creo que la pasión es un indicador muy efectivo para medir tanto el impacto de una persona, como el estado de su plenitud y felicidad.

Si alguien siente verdadera pasión por lo que hace, sin duda será una persona altamente productiva. Si experimenta amor auténtico, se expresará de manera fluida y natural. No importa el grado de dificultades que deba superar, la escasez o abundancia que le rodee. Pues el nivel de pasión es directamente proporcional a la felicidad que le produce el oficio que desempeña.

Cuando leo el magistral Sermón del monte, expuesto por Jesucristo (Mateo 5.4-10), entiendo un poco más acerca de este concepto de pasión, conectado a la felicidad. Jesús dijo allí frases como: «Dichosos los que lloran [...] Dichosos los que tienen hambre y sed de justicia [...] Dichosos los perseguidos». Pero, ¿cómo se puede entender ese mensaje de la felicidad a prueba de todo si no es a través de la pasión?

Entre sus aprendices y discípulos, solo los que sentían verdadera pasión por seguirlo podían llegar a ser felices en medio de la persecución. El verdadero seguidor deja lo que sea, sufre lo que sea, padece lo que sea por pura pasión. Una pasión fundamentada en el amor verdadero, por supuesto. En darlo todo sin esperar nada. E incluso, con el riesgo de perderlo todo. Pero con la dicha invaluable de sentirse consecuente consigo mismo y con el cielo.

Es la pasión que se entrega «por la causa». Aunque no en todos los casos esté bien encausada, ya que muchos lo dan todo por ser terroristas o narcotraficantes, o cualquier otra cosa que no tiene nada que ver con la pasión auténtica, que implica darlo todo por amor sano, libre de obsesiones; no el delirio del fanatismo enfermizo. Eso no es pasión, eso es obsesión.

Como ocurre entre los hinchas de cualquier deporte. Muchos pueden tener una pasión deportiva sana y saludable. Pero millones de hinchas, en especial del futbol, pueden enloquecer de frenesí por sus equipos —y por las barras bravas— en los estadios, y al final terminan en desastres con gente herida por la locura y el fanatismo que solo conduce al caos. Eso no es pasión, eso es distorsión.

De manera que, si quiere transmitir una legítima pasión, es necesario que se sienta feliz con lo que comunica. Ordene esa felicidad dentro de los límites de valores universales como el respeto, la armonía, el afecto, la integridad y la valoración del otro. La gente sabrá que usted es una persona consecuente, coherente y congruente, si mantiene la pasión en equilibrio constante con los valores. Lo que piense, diga, sienta y haga estará atravesado por el eje de la pasión, como valor personal, que luego se podrá convertir en valor familiar y corporativo, hasta permear todos los estratos de su vida.

Como investigadora de la comunicación, siempre me ha llamado la atención la forma como habló Jesucristo acerca del amor. Se refería a él como la fuerza central que lo representa todo. Es evidente cuando dice: «Ama al Señor tu Dios con todo tu corazón, con todo tu ser, con todas tus fuerzas y con toda tu mente» (Lucas 10.27). La consigna de esta fórmula es simple, pero categórica: sencillamente, ¡ama con pasión! Pero no pasión de amor eros, sino pasión ágape, es decir, que proviene directamente del corazón de Dios a su corazón, con amor incondicional.

Lo más curioso en este punto es la forma como lo enfatiza. No se refiere a cualquier forma de amor liviano, baladí, trivial, superficial, fútil o nimio. Alude a un amor que implica la integralidad humana. Apunta a la totalidad del ser.

Al decir con todo el corazón, el alma, la mente y las fuerzas, casi se le escucha un solo concepto que los reúne: con toda la pasión. Porque si amas así, no queda ni un rincón para el egoísmo. Es el amor que todo lo da, sufre, espera, entrega, soporta y no busca nada más que eso, darlo todo. Pasión extrema.

Si analizamos la frase «con toda tu alma», encontramos que es allí —en el alma— donde participan los tres componentes del individuo: las emociones, el intelecto y la voluntad. Tres partes del ser en las que la pasión es un componente determinante.

Tanto las emociones como el intelecto requieren de la pasión como impulso interior para llegar a niveles más altos de proyección y transformación. Puesto que la pasión es emoción, pero también es razón. Ambas, unidas, conforman una asertiva y equilibrada comunicación.

Leer la Biblia a diario es una fuente perfecta para mantener viva la pasión. Según el relato bíblico, las personas somos seres tripartitos, compuestos por espíritu, alma y cuerpo. El texto dice así: «Que Dios mismo, el Dios de paz, los santifique por completo, y conserve todo su ser —espíritu, alma y cuerpo— irreprochable para la venida de nuestro Señor Jesucristo» (1 Tesalonicenses 5.23). Como ya dijimos, en el alma se encuentran las emociones, el intelecto y la voluntad. Pero al nacer de nuevo, por medio de Jesucristo, se puede alcanzar una estatura más alta de pasión: la pasión del espíritu. Además, produce frutos en el interior del ser como amor, alegría, paz, paciencia, amabilidad, bondad, fidelidad, humildad y dominio propio (Gálatas 5.22–23). Es la pasión del espíritu renovado. Pasión verdadera. Pasión eterna, no pasajera.

Jesucristo vivió el valor de la pasión en su oratoria. La transmitió en cada frase, pero también en su comunicación no verbal. En la forma en que asumió su llamado de amar a la humanidad y dar la vida por la salvación de ella. Hasta la última gota de sudor, agua y sangre.

Toda la expresión de su mensaje se puede resumir en ese valor: pasión. Por supuesto, fundamentada en el amor. A tal punto, que al definir el significado de la palabra pasión, todos los diccionarios de habla hispana se refieren a la «pasión de Jesucristo» como el proceso completo, desde su nacimiento, pasando por su crucifixión, hasta su resurrección y, al final, el anuncio de una próxima venida. Todo el mensaje de las buenas nuevas del evangelio se resume en una palabra: pasión.

Más allá de cualquier religión o denominación, la pasión de Jesucristo es un modelo perfecto de lo que implica la comunicación que da la vida por el otro, de la entrega total. Él supo transmitir y proyectar a tal punto el mensaje del amor que trascendió la historia universal como símbolo esencial de la pasión, como la personificación de la misma. Hasta Hollywood ha proyectado grandes películas del cine antiguo y moderno que recrean la historia de su vida en la tierra, como el ejemplo máximo de un líder de influencia que impacta y transmite un efecto contundente. Incluida la impresionante cinta de *La pasión de Cristo*, dirigida y producida por Mel Gibson y protagonizada por el actor estadounidense Jim Caviezel, que no podría tener otro nombre que ese: *La pasión*.

La importancia de la pasión, como facultad determinante para el cumplimiento de toda la ley, la reafirma en la segunda parte de su mandato: «Ama a tu prójimo como a ti mismo». Me parece que es más viable amar a Dios con todo el corazón, el alma, la mente y las fuerzas, que amar al prójimo como a uno mismo.

Ese nivel de pasión, aplicado a la comunicación, implica la verdadera transformación de los mensajes y aun de las relaciones. Lo he comprobado con miles de ejecutivos entrenados. Aquellos que de verdad aman lo que dicen y hacen, transmiten pasión por su mensaje en sus presentaciones y consiguen el alto impacto deseado. Pero los que llegan a niveles mucho más altos son los que sienten un compromiso tal con las personas, con su gente, que están dispuestos a dar lo mejor de ellos mismos para que salgan adelante como equipo. Esos son los buenos comunicadores. Esa pasión les brota hasta por los poros. Se vuelven inolvidables, imparables, impresionantes y logran indicadores de gestión con resultados y un impacto demasiado alto.

Aquellos que solo están en sus cargos o carreras por conveniencia, porque «les toca», o por equivocación, proyectan pesadez, frialdad, hablan de manera plana y muestran una desconexión total con el tema y con las personas. Todo ello se proyectará, sobre todo, en el impacto de los resultados del negocio.

Es impresionante la diferencia entre comunicar un asunto que se ama y uno que le es indiferente, y hasta le produce cierto tedio y hastío, al emisor. El primero lo llevará a comunicarse con vigor. El segundo no le permitirá transmitir nada más que una información fría y desconectada. Puede que llegue a ser efectiva, pero nunca al punto apasionado que se requiere para conseguir el alto impacto de su comunicación.

En mi libro *El efecto* me refiero a la pasión y afirmo lo siguiente:

Una persona que muestra pasión por lo que hace siempre será ganadora. Se verá resuelta y decidida. Proyectará mucha energía, fuerza y determinación. Se notará que le gusta, le fascina, le encanta y le estremece lo que hace. Tanto, que hasta pagaría por hacerlo. Todo eso lo refleja, desde su ser interior, en su comunicación [...]

En la comunicación, la pasión transmite fuerza, vida, acción, intensidad, impacta al auditorio y lo conduce a niveles extremos de motivación y empoderamiento [...]

La pasión no tiene que ver solo con la sexualidad. Ese es apenas uno de los aspectos en los que se puede expresar. La pasión puede estar presente en el deporte, en la música, en el teatro, en la literatura, en el liderazgo, en la política... en fin, en todas las relaciones que existen. La pasión se transmite de padres a hijos, de maestros a estudiantes, de líderes a su equipo laboral, en el servicio al cliente de una entidad, en la publicidad y el mercadeo, en el canto, en la risa, en el sueño, en la poesía, en la pintura.[4]

Desde que escribí *El efecto* hasta hoy, he logrado investigar y reflexionar aún más sobre la pasión. Es un tema apasionante. Por eso se ha convertido en un valor corporativo relevante para el logro de resultados de los ejecutivos y de las empresas.

Sin embargo, también se encuentra hoy en buenos libros de liderazgo y autoayuda. Grandes de la literatura del crecimiento personal han escrito sobre el tema, como el gurú del liderazgo, John Maxwell, que dijo: «Cuando un líder se expresa con pasión, generalmente encuentra pasión como respuesta».[5]

Aquí nos enfocamos en forma exclusiva en la pasión como un indicador del alto impacto en la comunicación. Como un componente determinante. Porque esta implica justo lo que significa: entrega, conexión, intensidad. En el ámbito empresarial, el líder con pasión siempre da muestras claras y evidentes de que ama su trabajo. Cuenta con sentido de pertenencia y «se pone la camiseta» de la entidad para llevarla con orgullo, pero sobre todo para sudarla con empeño.

Si se trata del campo cultural, el artista muestra pasión cuando es capaz de pasar horas y días enteros frente a su obra, hasta llevarla al extremo de la belleza.

No dejará a un lado su creación hasta sentirla perfecta. Un músico, un pintor, un escultor, un diseñador... apasionados por su oficio, comerán, caminarán, vibrarán, pensarán, soñarán con su obra en la dimensión 24/7/365: todas las horas del día, toda la semana, todos los días del año. Darán lo mejor de sí para alcanzar la excelencia, cueste lo que cueste. Eso es pasión.

Los autores con verdadera pasión por escribir vivimos el oficio con una intensidad tal que no podemos parar de escribir, ni de día ni de noche. Amamos las letras. Nos deleitamos cuando las frases fluyen desde la inspiración más sentida y sufrimos la desesperación de las ideas cuando no fluyen como quisiéramos. El premio Nobel Gabriel García Márquez decía algo muy divertido, pero en serio: «Peleo a trompadas con cada palabra».[6] Eso es pasión.

Me contaron que una vez estaba reunido con un grupo de personas de la Fundación Nuevo Periodismo Iberoamericano[7] en Cartagena, Colombia, y se le acercó un joven a decirle:

—Maestro, quiero ser escritor. ¿Qué debo hacer para saber si soy un verdadero escritor?

El Nobel lo miró con cierto escepticismo y le contestó:

—Escribe algo y nos encontramos aquí en un año.

Al año siguiente, el joven se le acercó de nuevo y le dijo:

—Maestro, ¿me recuerda? Yo soy el joven que me le acerqué hace un año para decirle que quería ser escritor.

El maestro le contestó:

—¿Y qué has escrito?

El joven le respondió un poco apenado:

—Pues... todavía nada, porque he estado muy ocupado con varios asuntos...

A lo que el Nobel le respondió de inmediato y sin vacilar:

—Entonces, no eres escritor. ¡No tienes pasión por escribir!

Ahora lo entiendo, después de nueve libros publicados. Ser autor es una verdadera pasión que no permite parar de escribir. Parece que se conectara la punta de los dedos al teclado del computador. Es imparable, inatajable, inevitable.

En la época periodística de los años sesenta, cuando mi papá y su primo Nobel trabajaban en el diario *El Espectador* como columnistas, toda la concentración estaba acompañada del sonido de las teclas que producía la vieja máquina de escribir Royal. Mis mejores recuerdos de niña fueron alrededor de ese sonido de la fina y antigua máquina de escribir de mi papá. Me parecía apasionante. Creo que era por la misma pasión que transmitía él cuando escribía sus magistrales columnas.

A mí me tocó la generación de los tableros digitales, mucho más silenciosos y veloces, pero con la misma pasión por escribir. Porque cuando se tiene esa pasión el síndrome es: no quiero parar. Mi papá siempre les decía a sus estudiantes de periodismo y derecho en las universidades de Bogotá: «Para escribir... hay que sentarse a escribir».

Esa frase corta pero contundente se me convirtió en un reto. Me ha acompañado todos estos años, primero como periodista y ahora como autora de libros. Desde que comencé mis primeras obras en el 2010, con la editorial Thomas Nelson, actualmente bajo la sombrilla de la gran HarperCollins Publishers, no he dejado de escribir. Hoy estoy sentada frente a usted, mi querido lector, sin pararme ni un minuto de esta silla, porque el deleite me lo impide.

No me quiero despegar ni un minuto de las páginas y del contenido. Me late el corazón al ritmo del tablero de mi computadora portátil, que siempre va conmigo en la cartera. Sueño, como, duermo, me despierto, salgo a trotar, voy al cine, viajo por muchos países... y todo el tiempo solo tengo en mente la próxima página del libro, para darle lo mejor de mí a lo más importante de esta obra: usted. Y cuando termine el parto de este libro, extenuada pero feliz por haberle entregado lo mejor de mí en cada palabra impresa, de inmediato pensaré en cómo conectarme con mi próxima motivación: un nuevo libro. Y le prometo que me sentaré de nuevo, 365, 24, 7 a escribir para usted. Eso es pasión.

La pasión verdadera es un ejercicio de la voluntad. Es un detonante de la disciplina personal, la autorregulación y la inteligencia emocional. Porque la pasión sin dedicación es puro ruido, nada más. Una agitación pasajera que solo produce sueños inflados. La auténtica pasión conduce a la realización, pero impulsada por la determinación. La pasión es la mejor automotivación interior.

El amor por lo que hace será tal que no podrá detenerse. Hasta que se le convierta en una forma de vivir, en estilo, en hábito personal, en autodisciplina fascinante e inevitable, en eso que desborda todos los sueños y se vuelve un ejercicio diario juicioso y determinado, de mínimo dos horas todas las mañanas. Aunque a veces pueden ser tres, cuatro, cinco... o mil.

Exquisito deleite

Cuando realice su oficio con pasión, verá cómo el tiempo volará sin darse cuenta. Sentirá que la disciplina no es una imposición, ni presión, sino un exquisito y agradable deleite. Todo será diferente. La entrega tendrá sentido. Los esfuerzos valdrán la pena. Las madrugadas lucirán un brillo distinto.

Incluso el malestar en la espalda y la neuralgia por las largas horas de cansancio en la silla, se aliviarán. Como si esa adrenalina que le produce la pasión fuera un bálsamo para que todo funcionara mejor en su organismo. La pasión evitará la fatiga. No sentirá desespero por terminar, sino un profundo pesar. Porque usted mismo no querrá que se le acabe. Vivirá el escalofrío de darle punto final a su obra de arte. Y al concluirla, experimentará una agradable sensación de felicidad por el nuevo «hijo» concebido.

En mi caso como escritora, siempre quiero regresar a la pantalla a encontrarme con usted. Eso me apasiona. No es escribir para mí. Sino para usted. Porque la pasión no es un deseo egoísta y egocéntrico. Ese es el paradigma, el malentendido. Por el contrario, pasión es entregarse al otro, es olvidarse un poco de uno mismo, de sus intereses, para concentrarse en el otro, en sus necesidades.

Por eso encuentro apasionante el oficio de escribir. Me encanta hablar en grandes escenarios, dar conferencias y capacitaciones en todas partes del mundo, pero no hay nada que me produzca más deleite que escribir. Esto sí que es una pasión incontenible.

Diez componentes clave de la pasión en su comunicación

No hay nada mejor para la gente que ser feliz con su trabajo. ¡Para eso estamos en este mundo! Nadie nos traerá de la muerte para que disfrutemos de la vida después de que hayamos muerto.
—Salomón (ver Eclesiastés 3.22, NTV)

Basta con mirar la forma de comunicarse de una persona cuando se encuentra en medio de su oficio, para saber si lo ama y si, en verdad, siente pasión por lo que hace. Las expresiones, ademanes, actitudes y todas las formas de su comunicación no verbal (CNV) denotarán de inmediato el grado de pasión que un líder siente por su oficio.

Incluso usted mismo puede medir su pasión por lo que hace y por el oficio que desempeña, a partir de la lectura diaria de estos diez componentes clave en su comunicación interpersonal o grupal. Porque la pasión es un valor que se expresa, es tangible, medible, cuantificable y de práctica medición. Cuando se trata de la pasión, no como emoción sino como competencia personal, esta puede convertirse en una de las competencias corporativas que más podrán indicar el nivel de efectividad de la gente en una empresa. Sin pasión no hay resultados. Y si los hay, serán apenas suficientes, pero no extraordinarios.

La pasión por el oficio que usted desempeña lo llevará a una gestión de resultados mucho más alta que la de una persona que solo trabaja por el salario mensual que le pagan. O por complacer a las personas que le presionan. La pasión indica devoción, compromiso, entrega, resolución y mucha determinación. Un apasionado por su área de trabajo, sin duda llevará muy lejos a su equipo, y se pondrá él mismo en los niveles más altos de la entidad, siempre con posibilidades de ascenso. Porque la pasión implica crecimiento exponencial. Una persona con pasión no tiene límites. Siempre busca llegar más allá, impulsada por el motor de la dicha y la satisfacción interior que le produce su labor.

Como mentora en comunicación de importantes entidades globales, he podido comprobar que los líderes que se comunican con pasión ascienden de manera más rápida en las compañías. Cuando regreso unos años después, siempre están en cargos más altos. Así mismo he podido ver que aquellos que no irradian pasión en lo que comunican, pueden quedarse por años en el mismo lugar, sin oportunidades de surgir en el mismo cargo. Pueden soñar, querer, abrazar la idea de ascender, pero su falta de pasión se los impide, y los conduce a un estado de conformismo permanente, a una falta de motivación, que los aleja de sus sueños y los imposibilita para conseguirlos.

La pasión es la llave maestra de los grandes logros. Abre puertas enormes. Derriba montañas gigantes. Porque es de la familia de valores como la fe. Por eso veremos ahora cuáles son esos diez componentes clave de la pasión en la comunicación. Componentes que se pueden medir por medio de acciones, experiencias y resultados, los que siempre indicarán el grado de pasión de una persona, área, empresa, pareja, joven, mujer o familia entera.

Diez componentes clave de la pasión en su comunicación

Esta decena de elementos son definitivos para lograr el alto impacto y sobrepasar las expectativas. Cada uno de ellos indica una acción, muestra una expresión y llega a un resultado.

COMPONENTE	ACCIÓN	EXPRESIÓN	RESULTADO
Deleite	Experimentar complacencia	Sin presión	Libertad
Entusiasmo	Querer siempre más	Todo es poco	Plenitud
Disposición	Darlo todo	Drenaje total	Satisfacción
Certeza	Vivir automotivado	Fe	Convicción profunda
Emprendimiento	Mirar siempre hacia adelante	Determinación	Ser ganador
Persistencia	Engancharse de verdad	Compromiso	Ser confiable
Generosidad	No limitarse	Crecimiento	Prosperidad
Creatividad	No repetirse	Originalidad	Innovación
Optimismo	Fluir de manera agradable	Amenidad	Felicidad
Proyección	Inspirar a otros	Influencia	Legado

Los revisaremos uno a uno, para que usted pueda identificar los niveles de pasión en su comunicación, de acuerdo al grado de presencia de estas acciones, experiencias y resultados en su vida particular y profesional.

La pasión es una competencia que no se mide solo en el lugar de trabajo. Donde más se muestra es en la casa, en las comunicaciones informales entre amigos y aun en los momentos de soledad, cuando se encuentra con usted mismo y puede descubrir de verdad cuánta pasión siente en realidad por lo que hace.

Primer componente clave de la pasión: Deleite, complacencia, libertad

Cuando usted siente pasión por lo que hace, eso se le convierte en un verdadero deleite. Lo disfrutará al máximo y sentirá que no se encuentra ante algo que le cansa o le aburre, sino que le fascina, le divierte y le produce una sensación de placentero bienestar.

El verdadero deleite se da cuando uno no siente ninguna clase de presión. Cuando usted hace las cosas porque le toca, experimenta una presión permanente. Un malestar generalizado que puede terminar por afectarle aun la salud y el genio.

El resultado obvio del deleite es una sensación de total libertad. Casi se sentirá flotar como una pluma. Como si caminara tres metros arriba. Porque el deleite no le dejará sentir la dureza del piso, ni la de la silla, ni la de las circunstancias. No se sentirá amarrado sino liviano, como si se tratara de un ave que puede volar sin que nadie se lo impida.

Cuando leo en la Biblia pasajes como el siguiente:

Por eso les digo: No se preocupen por su vida, qué comerán o beberán; ni por su cuerpo, cómo se vestirán. ¿No tiene la vida más valor que la comida, y el cuerpo más que la ropa? Fíjense en las aves del cielo: no siembran ni cosechan ni almacenan en graneros; sin embargo, el Padre celestial las alimenta. ¿No valen ustedes mucho más que ellas? ¿Quién de ustedes, por mucho que se preocupe, puede añadir una sola hora al curso de su vida? ¿Y por qué se preocupan por la ropa? Observen cómo crecen los lirios del campo. No trabajan ni hilan; sin embargo, les digo que ni siquiera Salomón, con todo su esplendor, se vestía como uno de ellos. (Mateo 6.25–30)

Esa sensación de libertad, sin presiones, es el resultado de vivir con verdadero deleite, sin ningún afán por lo que debe comer, dónde va a vivir o cómo se puede vestir. La pasión permite vivir como un ave libre, sin cargas, sin sobrepeso y feliz, sin preocupaciones. Solo se deleita en su vuelo, porque sabe que el Padre celestial la alimenta. Ella solo se ocupa de disfrutar su día con pura y natural pasión. Eso es libertad total. Sin pasión no hay libertad.

Segundo componente clave de la pasión: Entusiasmo, querer siempre más, plenitud

El segundo componente clave de la pasión es el entusiasmo. La acción evidente es que siempre quiere continuar su oficio. Nada le parecerá suficiente. Siempre querrá seguir una milla más, porque la pasión es el motor de impulso para sentir que nada es suficiente. Cuando un trabajo le apasiona, no lo quiere soltar, sino darle más horas de lo común.

Desde la perspectiva de la pasión por su trabajo, todo es poco. Por eso no cabe la pereza, ni la mediocridad, ni el hacer las cosas por salir del paso. Sino que incluirá nuevos detalles de mejoramiento al asunto, por lo que nunca querrá terminarlo, siempre va a querer más y más. De esa manera, la persona comienza a vivir en una completa plenitud, porque trabaja en lo que de verdad ama y le apasiona. No en lo que le imponen, sino en aquello por lo que pagaría por hacer y que no importa cuánto le cueste; el precio vale la pena cuando existe pasión.

Esta acción de querer siempre más es la marca de los emprendedores. Conozco un líder en Colombia llamado Giovanny Peña Paz. Es director del Instituto ITGEM en la ciudad de Cali. Desde que lo conocí me impactó su capacidad de emprendimiento. Por lo general, esta clase de personas me producen conexión inmediata. Al poco tiempo de conocerme me invitó a dar una conferencia. Después me convertí en su mentora comunicacional. A mucha honra.

Giovanny cada día me sorprende con su pasión y su entusiasmo, los que lo llevan a niveles muy altos de logros. Es un pupilo muy «pilo» y sobresaliente. Vive a plenitud su visión y lleva a sus miles de estudiantes y discípulos a otro nivel a través de su pasión. Hoy, después de dos congresos de emprendimiento en los que he tenido el honor de ser *speaker,* ya Giovanny cuenta con su propio *branding* personal. La pasión lo conduce al emprendimiento imparable. Es todo un *Power People.* Me siento feliz al ver su crecimiento destacado. Su lema de vida y su marca como autor y conferencista es: «Cada día vamos por más». Sin pasión no hay plenitud.

Tercer componente clave de la pasión:
Disposición, darlo todo, satisfacción

Una de las características más evidentes de la pasión es que usted podrá «darlo todo» por ese oficio que realiza. No escatimará esfuerzos para entregar lo mejor de sí mismo en esa acción. Cuando existe pasión, no hay términos medios, ni relativos. Se vive por la ley del «todo o nada». Pero por lo general, se inclinará más bien por el «todo».

Usted mismo notará en medio de su oficio si en verdad lo está dando todo con entera pasión o apenas entrega una parte de sí mismo. Porque cuando lo da todo, puede experimentar al final de la jornada como un drenaje total. Como si le hubieran absorbido toda su energía. A mí me pasa en los procesos de entrenamiento para grupos de directivos empresariales. O en las conferencias de convenciones. Es impresionante cómo la pasión por la comunicación y, en especial, por el oficio de empoderar a las personas en sus habilidades y competencias comunicacionales me hace entregar lo mejor de mí en cada escenario.

No importa si pierdo un poco el glamour, me despeino o comienzo a sudar a chorros. Cuando hay pasión por lo que se hace es muy difícil quedarse impávido, sin dar toda la adrenalina posible. Uno siente que si no lo da todo, no cumplió. Por lo tanto, no descansará hasta que logre lo que le apasiona.

Y en el trabajo, el hecho de sentir que lo dio todo le producirá una verdadera sensación de satisfacción total. Sentirá tranquilidad al saber que no se reservó nada para usted mismo, sino que lo entregó todo por su objetivo. Sin esperar recompensa. Su pago es el deleite que le produce lo que hace. Claro, por añadidura vendrá una importante remuneración bien merecida, pero no es su objetivo primario. Porque sin pasión no hay comunicación, ni tampoco satisfacción.

Cuarto componente clave de la pasión: Certeza, vivir automotivado, fe

El valor personal y corporativo de la pasión permite que las personas se sientan altamente automotivadas. No necesitan que otro ser, ni las circunstancias exteriores, las motiven o impulsen, ya que se mueven por ese motor interior propio e impulsador que es la pasión que les produce lo que hacen y sienten.

Experimentar pasión es la mejor motivación para seguir adelante con cualquier proyecto. Sin pasión no hay motivación. Sin pasión tampoco hay comunicación. Solo aquellos asuntos que en realidad le apasionan serán los que usted comunicará con mucho impacto. El resto será pura información plana, tediosa y aburrida que no generará nada en usted mismo y mucho menos en su auditorio.

La capacidad de automotivación solo se consigue a través de una profunda convicción. Porque la motivación es producto de la fe, y esta se transmite con certeza y convicción absoluta. Con profunda pasión. Por la fe, los antiguos líderes de la Biblia lograron hazañas increíbles. Conquistaron reinos, taparon bocas de leones, porque tenían puesta la mirada en el galardón. Caminaban como viendo al Invisible. Para eso se requería una pasión total, no cualquier pasión, sino una agónica, de vida o muerte. Una que nos haga mirar hacia la eternidad para conseguir un reino mejor. Una que nos permita contar con un propósito de vida perdurable, perenne, imperecedero (Hebreos 11.1–3).

Ningún discurso ni presentación, ninguna conversación logrará tanto impacto como aquella en la que usted se encuentra movido por la convicción total de lo que dice. Cuando cuenta con motivación y fe, empieza a transmitir pasión hasta por los poros. Sin esfuerzo. Por la fe que impulsa la pasión, los grandes héroes de la historia lograron conquistar grandes reinos, conseguir victorias sobre poderosos enemigos y ganar las más cruentas batallas. Fueron capaces de caminar sin mirar las tormentas, las humillaciones, las persecuciones, las tribulaciones, las angustias, los peligros.

La pasión se sostiene en la fe genuina. Sentirse tan solo entusiasmado, pero sin fe, no basta. La verdadera pasión cree en lo imposible y logra que todo sea posible. Cree en medio de todas las dificultades, aprietos, conflictos, peligros, apuros, presiones que puedan venir y, como resultado, consigue el éxito anhelado. «Y ésta es la victoria que ha vencido al mundo, nuestra fe» (1 Juan 5.4, RVR1977).

La fe es el escudo para pelear contra todas las batallas del enemigo, por más poderoso que este parezca.

Ella apagará todos sus dardos de desánimo, culpa, temor, impaciencia, desesperación, desilusión, estrés, depresión, burla, intimidación, insomnio, incredulidad, escepticismo... ¡todos!

Sin lugar a dudas, la pasión se cimienta en la fe como un edificio sobre una firme estructura. Por medio de ella usted podrá mover hasta las más infranqueables e imponentes montañas; aunque el tamaño de su fe sea pequeño y hasta insignificante. Por tanto, aunque a veces sienta que la pasión se le pierde junto con la poca fe, no se preocupe; si cuenta con ese «grano de mostaza» en su mano, será suficiente para decirles a esas monumentales y miedosas montañas de problemas y dificultades: «¡Quítense!», y se tendrán que quitar de su paso. Se lo garantizo. Lo he vivido, es una experiencia realmente fabulosa.

La pasión no solo se da en medio de la vida loca y los momentos de euforia. Ese es el paradigma que la mayoría de la gente vive. La pasión verdadera se mide en medio de las dificultades extremas, de los problemas que parecen no encontrar salida, de las situaciones y circunstancias que parecen mandarlo al piso en la batalla y cuando le dan ganas de devolverse. Ahí es donde se puede conocer la auténtica pasión.

PASIÓN POR LA CIMA

En la historia de los dos colombianos que llegaron al monte Everest en mayo de 2010, Nelson Cardona y Rafael Ávila, todo el relato es impresionante. Una delegación de veintiuna personas, con el nombre de «Epopeya Everest Sin Límites», acompañó a Cardona, que causó un gran impacto debido a que es un deportista discapacitado. A pesar de toda su experiencia y sus récords como montañista, en 2006 se accidentó en uno de los entrenamientos y le tuvieron que amputar su pierna derecha. Logró llegar a la cima con una prótesis que maneja a la perfección.

El equipo de la expedición comentó ese día:

> Somos ejemplo para el mundo entero y damos testimonio como colombianos que los sueños pueden hacerse realidad, que no importan las diferencias cuando se construye en torno a lo que nos une, por eso los ojos del mundo están sobre nosotros porque «no son las caídas lo que hace fracasar a un hombre sino la incapacidad para levantarse y continuar».[8]

En esta última frase citaban al mismo Nelson Cardona. Es impresionante que un hombre discapacitado pueda llegar a la cima de una montaña después de un accidente al intentarlo. Solo a través de la pasión por el deporte del montañismo se puede cumplir de esa manera un reto, un sueño. Cardona es un gran ejemplo de que la pasión es impulsada por la fe que puede mover montañas, literalmente. En este caso ¡el monte Everest!

Solo los que tienen pasión podrán estar dispuestos a llegar a la meta, a costo de todo. Es interesante la forma en que los montañistas describen la pasión por alcanzar la cima. Ellos concuerdan en que, cuando están a punto de llegar, el cansancio, el agotamiento, la fatiga y el desespero son tales que pueden llegar a pensar en devolverse y perder todo el trayecto ganado, cuando sienten que ya no pueden más.

Por todas las montañas inmensas de dificultades a las cuales he tenido que ascender en mi vida, puedo decirle que cuando esté a punto de llegar y quiera devolverse, aunque perdiera todo el camino recorrido, saque del bolsillo ese diminuto grano de fe que le queda, póngalo al frente de la montaña y dígale: «¡Quítate, que voy a llegar, como sea! Aunque extenuado y sin fuerzas, voy a llegar. Punto».

Eso es verdadera fe, auténtica pasión. Lo demás es pura bulla. Esa fe sólida se puede conseguir al leer la Biblia. Es el Libro de los libros. La clave de oro para adquirir fe verdadera y alimentar la pasión. Si la utiliza como parte de una disciplina sistémica diaria, se le convertirá en una lámpara de alta potencia que le alumbrará el camino.

La gente sabia vive por la fe y jamás retrocede, porque siempre quiere agradar a Dios. Pero sin fe, es imposible agradarlo. Es más, quien cuenta con fe vive día a día con la seguridad de que, al final, recibirá la recompensa. Aunque no la ve, sigue adelante sin detenerse, por pura y genuina pasión basada en la fe. Por eso siempre llegará a la meta como ganador (Hebreos 11.6).

Esa fe real se prueba, como el oro, en el mismísimo fuego. Sobre las altas temperaturas de las dificultades, los obstáculos, las adversidades, los contratiempos, las oposiciones, las presiones desmedidas, las infamias, las envidias, las rivalidades, las persecuciones, las mentiras, las calumnias, las burlas, las tensiones, los aprietos, las angustias, etc. Aunque parezcan insoportables. Sin embargo, esa fe siempre sale airosa, victoriosa. Sobre todo si va de la mano de la pasión que le ayudará en el impulso. ¡Imparable!

Ese es el nivel de automotivación que usted en realidad necesita. Sin pasión no hay comunicación, ni tampoco fe.

Quinto componente clave de la pasión: Optimismo, fluir de manera agradable, felicidad

Cuando su oficio o labor le apasiona, usted experimenta una agradable fluidez permanente que le permitirá vivir de manera más liviana y relajada cada una de sus acciones. Transmitirá un «flow» muy particular en todo lo que comunica. Nada será rígido ni pesado porque la pasión lo llevará a sentir que todo lo que hace es una delicia y que nada le pesa, ni le aprieta, ni le sofoca ni es una pesada carga.

Millones de personas en el mundo viven día a día la pesadez de ejercer oficios que no les apasionan, sino que los realizan por obligación. Por eso los resultados en sus emociones y en su salud son fatales. Padecen de estrés, depresión, genio irritable y, en el peor de los casos, hasta llegan al fatídico suicidio. Porque sin pasión, nada tiene sentido. Todo se convierte en una pesadumbre que conduce a la fatiga, la desazón, el sentirse agobiado, oprimido, cansado, fatigado, exhausto y con una sensación de molestia continua.

Cuando su oficio le produce pasión, usted siente que el tiempo vuela. Que su organismo se sincroniza de una manera fluida y deliciosa con lo que hace, al punto de no sentir ninguna carga ni pesadez. Todo fluye. Todo es liviano y placentero. Por algo se ha dicho tanto, y estoy de acuerdo, que la clave de la felicidad está en hacer lo que a uno le gusta, no otra cosa. Cuando uno se dedica a realizar oficios que no le agradan, se encuentra a las puertas de la infelicidad.

He visto en las mediciones y los diagnósticos empresariales que realizo, una vez tras otra, que las personas se sienten felices cuando desarrollan las tareas para las cuales fueron diseñadas. Aquellas para las cuales cuentan con los talentos naturales para desempeñarlas. Por esa razón, la función que uno desempeña lo puede hacer feliz, porque está sujeta a las habilidades y dones que Dios le dio.

La pasión por su oficio se relaciona en forma directa con su temperamento. Usted sentirá verdadera felicidad cuando desarrolle tareas alineadas con su perfil personal, con su temperatura interior. No existe la opción de que le apasione una tarea para la cual no cuenta con la aptitud adecuada para realizar. Le producirá pesadez y fastidio. Y solo le quedarán dos caminos: renunciar o quedarse atrapado con la carga de sentirse aprisionado por su propia desdicha. Sin pasión no hay comunicación, ni tampoco felicidad.

Sexto componente clave de la pasión: Emprendimiento, mirar siempre hacia adelante, ser ganador

El entusiasmo es un agente determinante de la pasión, como lo es la llama para encender una hoguera. Las personas que realizan sus oficios con pasión están tan entusiasmadas por continuar que miran siempre hacia adelante.

Jesús dijo: «Nadie que mire atrás después de poner la mano en el arado es apto para el reino de Dios» (Lucas 9.62). No basta con tener la firme intención de trabajar duro, se necesita un nivel tal de entusiasmo que le permita a la pasión permanecer intacta ante el cansancio y el agotamiento propios de la ardua labor. Lo que impulsa a un enamorado de su oficio a transmitir verdadera pasión y expresarla de la manera adecuada, es el entusiasmo que lo lleva siempre hacia adelante y no le deja mirar hacia atrás.

Si nos mantenemos recordando el pasado, corremos el riesgo de tropezar y caer. La única manera de mantener el paso firme en el camino es fijar los ojos en la meta de oro, sin detenernos y sin pensar en todo lo que dejamos en el camino.

La pasión permite dejar los apegos desmedidos, los que terminan por convertirse en enfermizos, porque siempre obligan a retroceder y perder el impulso. Si tratamos de avanzar, pero solo podemos pensar en todo lo que un día fuimos, en las personas que dejaríamos, en los deleites que perderíamos, en las tradiciones que se cambiarían... en fin, en todo lo que marca el pasado, no podremos llegar a la meta.

El entusiasmo es el componente clave de la pasión que no le dejará vacilar, ni aunque quisiera. Lo mejor es que ni siquiera va a quererlo, porque el nivel de pasión por lo que está adelante es tan alto que le impedirá pensar por un minuto en lo que deja atrás. El impulso de la pasión es suficiente para no mirar nunca hacia atrás. No querrá retroceder ni para tomar impulso. Ese es el lema de la gente que trasmite pasión. Insiste, persiste, no retrocede, no se rinde y apunta hacia adelante siempre, porque no quiere saber de ninguna otra cosa que no sea alcanzar su visión.

Sin pasión no hay comunicación, ni tampoco se gana.

Séptimo componente clave de la pasión: Persistencia, engancharse de verdad, compromiso

Cuando la pasión inspira a una persona, esta experimenta un crecimiento vertiginoso y sin reversa. Se siente de verdad enganchado con su visión. No vive el trabajo como castigo y obligación, sino que goza el día, fascinado, embelesado, atraído y conquistado. Así se genera un compromiso que hace que lleve los procesos al mejor final. Se siente dichoso de ser el responsable del resultado. Más allá de la ilusión, la pasión concreta el sueño a través del compromiso serio. Con una agenda de acciones y fechas definidas, el proyecto de vida se convertirá en una realidad objetiva, aterrizada, viable, funcional, efectiva, aplicable y práctica.

La pasión lubrica el compromiso a tal punto, que usted ya no realiza ningún oficio con la consabida tendencia de agradar a las personas para que le acepten. Ni con la carga de tener que llevar un cheque quincenal o mensual a la casa porque «le corresponde» hacer los pagos obligatorios. La misma pasión por el logro le ayudará a romper los paradigmas para que no trabaje ni realice tareas movido por aquello del «qué irán a pensar de mí» o «qué calificación me van a dar» o «cuál premio me irán a otorgar».

La persona con pasión por su sueño se compromete con sus propios resultados. Con sus metas y su proyecto de vida. Consigo misma. Siempre quiere llevar a su organización y a su gente al nivel de lo extraordinario. Apunta a las metas más altas y nada le queda grande. Por eso madruga, trasnocha, se esfuerza, porque el hecho de estar tan comprometido, lo lleva a la autodisciplina y la autogestión.

Para que sea efectiva y eficiente, la pasión camina de la mano con el compromiso y entrelazada con la fidelidad. Esos tres valores —pasión, compromiso y fidelidad— son el eje de una agenda ordenada, clara y pragmática. De lo contrario, correrá el riesgo de ser un apasionado más, atrapado en una vana ilusión. Sin compromiso ni realización.

Cuando los líderes logran que su equipo experimente la pasión que ellos sienten por la visión, entonces pueden decir que alcanzan resultados día a día, por medio del prioritario arte de la fidelización. Porque muchos podrán escuchar de sus sueños, y hasta emocionarse con la pasión que usted expresa, pero si no logra fidelizar a su equipo —clientes internos— a través de unas metas certeras, mucho menos lo logrará fidelizar con la gente en general, es decir, clientes externos.

La pasión comienza por casa. Cuando un presidente de una organización del sector financiero me dijo que no tenía tiempo ni para saludar a su esposa durante el día, por ser «tan importante», estar «tan ocupado», «tan estresado», «tan...», le respondí: «Entonces no eres "tan buen presidente". Te falta aplicar la inteligencia comunicacional que lleva a la autorregulación».

Los valores personales se miden en todas las áreas de la vida. No solo en la habilidad profesional o ejecutiva. La pasión sana no absorbe, ni esclaviza, ni produce adicciones desordenadas. Un funcionario que no consigue dejar su labor cinco minutos para llamar a su esposa y decirle «te amo» no es más efectivo, sino más esclavo de su trabajo. Un papá o una mamá que viven absorbidos por sus cargos y no cuentan con tiempo de calidad para sus hijos, no son líderes apasionados. Son más bien adictos al trabajo, desenfocados y en una servidumbre total, víctimas de su estrés, su carrera desenfrenada y sus ambiciones sin control. Eso no es pasión, es ambición insana.

Cuando la pasión sana engancha, el sentido de compromiso se perfila dentro de un espíritu de orden y armonía, no de un desbarajuste que le obliga a llevar una vida sobrecargada. Si las demandas de la vida son más altas que su potencial, perderá la higiene mental, física y espiritual. La pasión, bajo la sombrilla de la inteligencia comunicacional, fortalece los principios y conduce al mejoramiento de las relaciones, nunca funciona en detrimento de estas. Porque el caos en absurda ebullición no es pasión, es confusión.

Me encanta el término en inglés para referirse al compromiso: «engagement». A aquellos en una familia, empresa o estado que se encuentran enganchados por una visión, se les llama comprometidos: «engaged». Ese es el nivel al cual queremos llevar la pasión. Al de la fidelización verdadera. El «engagement» y el «engaged» reales, que implican sentirse involucrado en las ideas, pero no atrapado por ellas.

Para querer estar «enganchado» dentro de un plan se requiere una alta dosis de pasión sana que lo lleve al compromiso consigo mismo, con su entorno y con los resultados. De esa manera escalará con rapidez los lugares más altos del compromiso. Será su «engagement» total. Sin pasión, no hay comunicación, ni tampoco compromiso.

Por eso creo que el segundo libro de mi amigo Ismael Cala, presentador y periodista de CNN en español, ahora virtuoso conferencista y escritor, es un verdadero «hit». Se llama *Un buen hijo de P...* y habla de las tres P que lo han impulsado a él en la vida y que deben mover a las personas para que sean exitosas: pasión, paciencia y perseverancia.[9] Aunque el título de su libro no parece tan «formal», y suena un poco irreverente, lo sustenta con tres palabras muy en serio: pasión, paciencia y perseverancia. Por gajes del oficio de autores y conferencistas, nos hemos encontrado Cala y yo en conferencias internacionales. Lo que puedo ver, tanto en el escenario como en el set de entrevistas de CNN, es su pasión para hablar de un tema. Sin duda, Cala logra calar con su pasión.

Me parece muy acertada la unión de esas tres P, pasión, paciencia y perseverancia. Porque para sostener viva la pasión es necesario mirar siempre hacia adelante con paciencia. Es un valor determinante para el logro. Nadie que no cuente con una gran dosis de ella podrá decir que fue capaz de alcanzar grandes retos. La paciencia permite a la pasión el compás de espera feliz y prudente, hasta el tiempo justo y adecuado, sin desesperanza. La perseverancia, por su parte, es el motor que le dará a la pasión y a la paciencia el impulso urgente para no desmayar en el intento. Perseverar con paciencia es la garantía de vida y sostenibilidad de una gran pasión. Aplausos a mi admirado Cala por este nuevo acierto y por los que vendrán.

Pablo dijo en su Carta a los Hebreos: «Por tanto, nosotros también, teniendo en derredor nuestro tan gran nube de testigos, despojémonos de todo peso y del pecado que nos asedia, y corramos con paciencia la carrera que tenemos por delante, puestos los ojos en Jesús, el autor y consumador de la fe, el cual por el gozo puesto delante de él soportó la cruz, menospreciando el oprobio, y está sentado a la diestra del trono de Dios» (Hebreos 12.1–2, RVR1977).

¡Qué interesante! Es una invitación a correr la carrera que tenemos por delante. ¡A correr!, pero con paciencia. Es decir, ir con todo hacia la meta, pero a la vez guardando la virtud de la paciencia como la fortaleza que le permitirá conseguirlo sin afanes ni desquiciamientos. En algunas versiones del texto bíblico utilizan la palabra perseverancia en vez de paciencia. Creo que van de la mano, como primas hermanas que, aunque se parecen, son distintas. De todas maneras, sin paciencia no se puede perseverar, y es imposible conseguir la fortaleza de la perseverancia sin la noble y magna virtud de la paciencia.

En lo personal, he tenido que desarrollar esta virtud de la paciencia, que no brilla con mucho esplendor entre mis capacidades naturales. Pero gracias a Dios, a punta de empeño, entrega, rendición y una fe probada como el oro, pasada por el fuego para garantizar su calibre, he logrado conseguir un alto umbral de constancia y enfoque, a prueba de todo.

Es claro el mensaje en la Biblia. El texto de Santiago dice así: «Considérense muy dichosos cuando estén pasando por diversas pruebas. Bien saben que, cuando su fe es puesta a prueba, produce paciencia. Pero procuren que la paciencia complete su obra, para que sean perfectos y cabales, sin que les falta nada» (Santiago 1.2–4, RVC).

Unas versiones dicen «paciencia» y otras «constancia», pero yo creo que se necesita una gran dosis de ambas para lograr pasar las pruebas y las dificultades. Sobre todo cuando se cuenta con un alto índice de pasión, pero un bajo estándar de fe. Según el contexto bíblico, para que la fe sea sólida requiere ser probada en los cimientos más firmes de la pasión: la paciencia y la constancia.

Bajo esta perspectiva se enriquece la pasión, sostenida por la fe, como una competencia del ser que, al ser probada por el fuego de los conflictos, recibe la legitimidad suficiente del oro puro, tallado por la constancia y la paciencia para superarlos. Solo de esa manera estaremos ante una pasión férrea, a prueba de todo.

Si la pasión está solo cimentada en la fortaleza del yo, todo lo que usted construya, por alto que sea, correrá el riesgo de caerse y derrumbarse, como una casa construida sobre la arena. En cambio, si su pasión se edifica con una estructura estable de fe, cuando vengan las tormentas de las presiones y los huracanes de los problemas, se mantendrá inamovible y firme. Como una casa sobre una roca. Sin duda, es la prueba de la fe la que produce constancia y paciencia.

«La pasión nace del corazón y se manifiesta en la forma de optimismo, entusiasmo, conexión emocional y determinación. Alimenta un impulso implacable», dice el autor Stephen Covey.[10] Vemos que para nutrir la pasión en nuestra vida hay que descubrir cuál es nuestro talento personal además de nuestro propósito.

El gran genio de la innovación, Steve Jobs, siempre se refirió a la motivación a partir de la constancia, la perseverancia, la pasión y el esfuerzo, como claves del éxito personal. Pero insistía en que la única manera de conseguirlo es borrando de nuestra mente el término rutina, para conseguir que cada día se convierta en una experiencia apasionante.[11]

«Nada grande se ha realizado en el mundo sin pasión», dijo el filósofo alemán Georg Wilhelm Friedrich Hegel.[12]

Se cuenta que el filósofo francés Jean Jacques Rousseau pronunció: «Todas las pasiones son buenas mientras uno es dueño de ellas y todas son malas cuando nos esclavizan».[13]

«Los expertos pasan mucho tiempo tratando de averiguar lo que hace a las personas exitosas. Casi siempre buscan sus credenciales, inteligencia, educación, y otros factores. Pero más que cualquier otra cosa, la diferencia la hace la pasión», dice el gurú de liderazgo, John Maxwell. Y agrega: «Si la pasión no es una cualidad en tu vida, estás en problemas como líder. La verdad es que nunca podrás dirigir algo por lo cual no te sientas apasionado. No puedes iniciar un fuego en tu organización a menos que primero se encienda en ti».[14]

Para no perder los estribos en la carrera y mirar siempre hacia adelante, como un atleta que busca ganar, la paciencia debe ser una bandera que se lleve muy en alto, como estandarte poderoso que le permitirá llegar hasta la meta, después de haberlo soportado todo con estoicismo: como un héroe que sabe llegar, sin mirar atrás. Sin pasión, no hay comunicación, ni tampoco compromiso.

Octavo componente clave de la pasión: Generosidad, no limitarse, prosperidad continua

Si hay algo que lo llevará a conseguir sus sueños y evitar sus propias limitaciones, o las que le impone el mundo entero, es la pasión. A través de ella logrará un crecimiento exponencial a corto, mediano y largo plazo. La pasión, y no otra cosa, será la llave maestra para la efectividad. Aquella que no es pasajera, sino de largo alcance y duración. Porque es el resultado de vivir sin limitaciones propias o impuestas.

«¡No te limites! Alarga tus cuerdas y refuerza tus estacas. Porque a derecha y a izquierda te extenderás...». Así dice el profeta Isaías, en el capítulo 54 del libro que lleva su nombre en la Biblia. Y agrega: «Ensancha el espacio de tu carpa, y despliega las cortinas de tu morada» (Isaías 54.2-4). El texto es enfático: «¡No te limites!». Le está hablando a una mujer que se siente sola, estéril, avergonzada por la soledad, desterrada, desamparada y, además de todo, agotada. Pero a pesar de ello la insta a que refuerce sus estacas y ensanche sus cortinas. A que se extienda para todos lados, sin reparar en gastos ni imponerse saboteos que le impidan llegar a la meta de su felicidad.

Se requieren una mente y un espíritu amplio y centrado en la generosidad. Porque por lo general, nosotros mismos nos colocamos limitaciones de escasez que nos sabotean, nos bloquean y nos impiden crecer. Los peores bloqueadores de la pasión se encuentran en su propia mente. En su alma agotada por los embates de la vida, acostumbrada a las frustraciones y a las quiebras que la programaron para limitarse a sí misma. La pasión será la catapulta que le ayudará a salir disparado de ese estado de autolimitación que le impide el desarrollo de todos sus talentos y la búsqueda de nuevas oportunidades para crecer y llegar a nuevos niveles de crecimiento, prosperidad y abundancia.

Cuando logramos vencer las limitaciones, a partir de una mentalidad generosa, con una pasión determinada y sólida por nuestros sueños y por la visión, entonces conseguimos la prosperidad continua. Es decir, aquella que no es circunstancial, ni momentánea, y que no depende solo del dinero. Es una abundancia en todos los campos de la vida. Es un estado de plenitud, de gozo continuo, que Dios mismo le dará, si se conecta con la máxima de Jesús: «Yo he venido para que tengan vida, y la tengan en abundancia» (Juan 10.10).

Esa abundancia implica generosidad, largueza, liberalidad.

Esa poderosa máxima es precedida por otra que dice: «El ladrón no viene más que a robar, matar y destruir» (Juan 10.10). Eso quiere decir que Jesús vino para darle una vida en abundancia física, emocional y espiritual. Ese fue el objeto de su venida a este mundo. Pero existe un raptor de sus sueños, que quiere destruirlos, acabarlos y matarlos. De manera que la pasión debe ser tal, que solo le permita enfocarse en la abundancia prometida y no en las limitaciones del transgresor que lo quiere acabar, despojar, aplastar, acabar y hasta borrar del mapa.

El propósito divino es llevarlo de triunfo en triunfo, hasta la abundancia plena. Pero el del ladrón es verlo de tumbo en tumbo, hasta la destrucción total. Usted es el único que puede escoger con cuál de las dos opciones prefiere quedarse. La primera, la de la abundancia, implica seguir adelante siempre con pasión y sin límites. La segunda, la de la destrucción, implica ir hacia atrás, en reversa, rumbo al precipicio de la destrucción y el acabose que producen sus propias limitaciones o las impuestas por otros. No acepte esta última y enfóquese en la primera.

La vida en abundancia propuesta por Jesús no tiene límites. Es hasta el infinito y más allá, hasta la eternidad. Es plenitud de gozo. Trasciende lo material y lo financiero, que sí es importante, pero no lo primordial y se convierte en simple añadidura para entrar en el estado ideal de la plenitud y el bienestar. Esa es la verdadera prosperidad. Se sentirá en permanente contentamiento. No dude ni un segundo en tomarla como bandera, para cumplir todo el propósito extraordinario que Dios tiene con usted. Recuérdelo siempre: la pasión sin límites le permitirá disfrutar de esa vida en abundancia prometida. Conéctese con el plan divino para su vida y alcanzará dimensiones insospechadas de abundancia en todos los campos. No se la deje robar. Búsquela, pídala, anhélela con pasión. Lo que hay para usted es una vida a raudales, con generosidad y amplitud. ¡Sin límites!

Sin pasión no hay comunicación, ni tampoco abundancia.

Noveno componente clave de la pasión: Creatividad, no se repite nunca, innovación

Uno de los resultados más evidentes de la pasión sin límites es, después de la prosperidad, la innovación. Porque una persona impulsada por ese motor de propulsión a chorro que es la pasión, se mueve por un espíritu renovado que siempre quiere alcanzar nuevas dimensiones, todo lo nuevo.

La innovación implica constante cambio visto como factor de éxito, no de inestabilidad ni de conflicto. Solo las personas realmente apasionadas por la vida y por el cumplimiento de sus metas anhelan el permanente cambio como parte de su capacidad de reinventarse cada día. De renovarse, como un odre nuevo, donde puede depositarse el vino nuevo. O como un vestido nuevo, que no acepta remiendos viejos (ver Marcos 2.21–22).

El cielo nuevo y la tierra nueva están preparados para aquellos que cuentan con la pasión suficiente para creer que verán nuevas todas las cosas. Caminan hacia allá con resolución y convicción; no se amilanan ante nada porque su propia pasión los impulsa de manera amplia y suficiente para mantenerlos en estado de alerta por todo lo nuevo que recibirán en esta efímera vida, así como también en la firme y segura eternidad.

En este mundo tan marcado por la competencia, la clave es innovar o morir. Porque si no estamos en permanente estado de actualización, la competencia sí lo estará y nos arrastrará con toda su fuerza para quitarnos de su camino y dejarle libre el espacio nuestro que tanto necesita. La innovación es definitiva para subsistir y permanecer, pero sobretodo para crecer a tal nivel que la competencia se encuentre lo más lejos posible de nuestra cima.

Más que un espíritu competidor, para ser un innovador se requiere el espíritu de la pasión. Solo los apasionados por sus proyectos de vida pueden proyectarse cada día con un espíritu de innovación, que se convertirá en parte de su propio sello. La innovación y el «branding», o marca personal, siempre irán unidos, motivados por el elemento fundamental para producir el alto impacto: la pasión. Sin pasión, no hay comunicación, ni tampoco innovación.

Décimo componente clave de la pasión: Proyección, inspirar a otros, legado

Una persona con pasión cuenta con el magnífico componente clave de la proyección personal. Siempre deja una estela sobre el océano de sus amplios proyectos, con un nivel alto de influencia sobre las personas que cuentan con el privilegio de rodearle. Todo lo que es, hace y dice es un legado que dejará a los otros como marca para toda la vida. De esa manera se proyecta, da lo mejor de sí a los demás, sin esperar nada a cambio, más que la dicha de verlos brillar.

La proyección es un componente que me atrae y con el que me identifico al cien por ciento. El legado que me dejó mi padre es el empoderamiento. Por eso me encanta tanto empoderar a las personas y verlas pasar a un nuevo nivel, a partir del desarrollo de sus fortalezas y oportunidades para mejorar. Me produce una verdadera pasión verlos transformados, al hacer un «clic» interior que les produzca cambios de paradigmas y los lleve a una nueva dimensión de su comunicación. Más inteligente, persuasiva y de alto impacto.

Cuando usted busca hacerlo todo para inspirar a otros, el legado que dejará a su paso es impresionante. Será un líder con verdadera influencia, capaz de transformar su entorno y producir a su alrededor una atmósfera de cambio permanente, oxigenante, refrescante y reanimante.

El espíritu de la pasión

Un factor que debe ser bien aclarado para comprender el valor de la pasión como indicador del alto impacto en la comunicación es que existen diferentes pasiones.

Hay pasiones malas y buenas. Pasiones desordenadas y ordenadas. Pasiones enfermizas y sanas. Pasiones constructivas y destructivas. Pasiones emocionales y espirituales. En ese sentido, no todas las pasiones son convenientes, aunque todas sean permitidas.

Pablo lo definió bien en su carta a los Corintios: «"Todo está permitido", pero no todo es provechoso. "Todo está permitido", pero no todo es constructivo» (1 Corintios 10.23). También en la carta a los Gálatas: «Los que son de Cristo Jesús han crucificado [...] sus pasiones» (Gálatas 5.24–25). Para lograr el mejor impacto deseado es necesario concientizar que existen pasiones nocivas —o que destruyen—, y que hay que dar paso a las pasiones saludables —que edifican, que son provechosas y que provienen de una mente, un alma, un corazón y un cuerpo enfocados en todo lo bueno, lo amable y lo virtuoso. Una pasión sana, saludable, ordenada, constructiva, surge del espíritu renovado. Sus acciones no se gestan a partir de una naturaleza dañina, corrupta e infiel, sino en base a la bondad edificante y la transparencia leal.

Cuando la persona logra negarse a las pasiones desordenadas que la llevan al caos, puede conseguir pasiones que la conduzcan al éxito verdadero. Aquel que no depende del desafuero, el desorden, el desenfreno, el frenesí y el descontrol, sino que fluye de un corazón tranquilo, manso, puro, pacífico, transparente y humilde. Con la pasión de Cristo como fuente, las pasiones personales producen excelentes frutos y transmiten una vida en abundancia total.

Detectar las pasiones que nos hacen daño y eliminarlas para dar paso a las edificantes, permite entrar en la dimensión de la satisfacción personal. Una persona con mucha pasión, pero con un bajo nivel de enfoque, chocará de inmediato y en forma permanente con sus propias frustraciones.

Ser mentor para los que muestran pasión

En mi extensa labor en el campo de ser mentor empresarial, he encontrado que las personas apasionadas por su trabajo se destacan por un amplio y particular sentimiento, muchas veces desbordado, en cuanto a su oficio o tema de especialización.

La pasión en el trabajo implica para ellos amar su profesión a tal punto que les impulsa a conseguir los logros y las metas trazados con determinación absoluta. Siempre con un componente de abnegación y entrega dedicada que les da ritmo y constancia. La pasión es el combustible que les permite avanzar en su propósito. Les ayuda a pasar del nivel de los sueños a la dimensión de la acción determinada con resultados sorprendentes.

La pasión es el factor que determina, por encima del éxito, la felicidad. Por eso los apasionados en la empresa inspiran alegría y optimismo, de modo que mejoran la vida de quienes cuentan con la dicha de permanecer a su alrededor. Hacia ellos quiero siempre dirigir lo mejor de mí en los procesos de ser mentor empresarial. Porque estoy segura de que son esos apasionados los que le darán mayor vida y aprovechamiento a todo lo que les enseño y transfiero con mi experiencia como mentora. Por lo general, ellos cuentan con unas marcas muy particulares, que me permiten detectarlos pronto.

Diez marcas de las personas con pasión en una organización

1. Excelencia: Le imprimen un sello de excelencia y perfección a todos los proyectos que realizan.
2. Intensidad: Disfrutan con intensidad el día a día, sin aburrimiento, pereza ni quejas.
3. Entusiasmo: Muestran tal nivel de entusiasmo positivo que lo transmiten y contagian.
4. Optimismo: No se detienen ante los problemas o dificultades y buscan soluciones con optimismo.
5. Colaboración: Siempre muestran un espíritu de colaboración para apoyar y ayudar a otros.
6. Efectividad: Se trazan metas claras, medibles, alcanzables, tangibles y se esfuerzan hasta lograrlas.
7. Inspiración: Son referentes para los demás, como, por ejemplo, coaches, facilitadores; siempre inspiradores.
8. Ascenso: Entregan lo mejor de sí mismos en cada tarea y brillan por su éxito ascendente.
9. Motivación: La automotivación es parte vital de su quehacer cotidiano.
10. Innovación: Les gusta direccionar a los otros a cumplir acciones innovadoras de cambio.

La pasión debe ser un valor corporativo de todas las organizaciones que quieran crecer y prosperar. Fomentarla, concientizarla, alinearla y promoverla es responsabilidad de las áreas encargadas de la gestión humana. Pero debe permear desde el liderazgo, la presidencia y los altos directivos, hasta llegar a los niveles básicos, a todo el zócalo de la entidad en la base. De esa manera se convertirá en parte de la planeación estratégica y llevará a la compañía a nuevos niveles de rentabilidad, como un valor tangible.

Las herramientas de medición que se utilizan para diagnósticos y evaluación de competencias muestran siempre que uno de los indicadores determinantes del éxito en la entidad es la pasión de los líderes. De la pasión con que el liderazgo enfrente los procesos depende el resultado de los mismos.

Por eso es clave elegir líderes dispuestos a abordar los desafíos, que sepan compartirlos con su equipo, al delegar tareas. La pasión en el liderazgo implica una alta dosis de humildad. Pero también de asertividad, de modo que permita guardar el equilibrio entre la autoridad y la calidez; entre la determinación férrea y el pensamiento flexible.

Liderazgo con pasión

Es una realidad que los líderes de hoy han comenzado a adquirir seria conciencia acerca de la importancia de transmitir pasión y proyectarla en todos sus procesos y programas, porque cada vez entienden más que es un valor, pero también un tangible que puede llevarles a alcanzar una mayor rentabilidad e impactar los resultados de su negocio.

Más allá de su profundidad filosófica, psicológica y espiritual, la pasión es un valor que se puede medir, pesar y evaluar como indicador de la gestión de un líder. Uno: cumple las metas; dos: sobrepasa las expectativas y tres: da resultados en los proyectos.

En este tiempo, en el que el liderazgo anda en la búsqueda de la efectividad, y en el que todos requieren ser personas altamente efectivas, la pasión alcanza cada vez más protagonismo. Y, por ser tan indispensable, debe ser revisada con cuidado por cada líder dentro de su plan de mejoramiento continuo. La pasión es el motor que impulsa. Forma parte del liderazgo esencial. Porque eleva su energía, promueve su intencionalidad y estimula su propósito.

El líder con alto índice de pasión cuenta con la ventaja de poder mostrar verdadera vocación para desarrollar nuevos emprendimientos y transformar los resultados a su alrededor. Todo eso se lo da la pasión. De manera que si no encuentra su punto de apoyo en ella como valor personal y corporativo, se enfrentará siempre a resultados regulares, mediocres o pésimos. Pero nunca llegará a ser óptimo, ni siquiera medianamente bueno. Apenas regular, con inclinación a deficiente.

De manera que la pasión es una necesidad urgente dentro de las competencias personales de un líder. La pasión se comunica, se transmite y se proyecta. Por eso es el primer indicador de una comunicación de alto impacto.

Si quiere lograr la mejor «pic» de su vida, enfoque toda la fuerza de su desarrollo individual y grupal a concientizar, sensibilizar, alinear y establecer la pasión como el valor que lo llevará a conseguir los resultados esperados. Un líder, una entidad, que proyecta pasión, ya se encuentra en el «express line» —la ruta más rápida— hacia el éxito.

Sin pasión, no hay comunicación. Sin comunicación, no hay liderazgo.

El acabose de una empresa o institución lo causa mantener profesionales que transmiten y comunican cansancio, aburrimiento, apatía; individuos que se ven apagados, desmotivados, desmoralizados, angustiados, estresados, furiosos, resistentes al cambio, quejosos... desapasionados. Solo con pasión un líder podrá influir en otros para llevarlos a la acción continua. La pasión es definitiva para el liderazgo asertivo.

Si va a conformar un equipo de trabajo, asegúrese como líder de que las personas que va a elegir para su grupo cuenten con una alta dosis de pasión entre sus virtudes. Pero sobre todo, cerciórese de que usted mismo proyecte e inyecte pasión. Porque en las organizaciones existen muchos profesionales de gran potencial, pero desmotivados por falta de un liderazgo fundamentado en la pasión.

Por ejemplo, me he encontrado con líderes que le imprimen tanta pasión a su comunicación que aunque no cuenten con el mejor equipo, pueden mantenerlo bien motivado y empoderado en base a un plan estratégico afianzado por la pasión de su líder, por lo que llegan a resultados inimaginables.

La falta de pasión frente a un proyecto o plan de trabajo puede ser tan reprochable como el déficit de disciplina o de preparación. La pasión debe ser parte de todo el paquete de su capacitación.

Pasión por las personas, más allá de los resultados

Los líderes y las organizaciones que cuentan con el valor de la pasión como bandera, piensan más en las personas que en los resultados. Es decir, buscan siempre aportar a sus clientes —internos o externos— aquellas soluciones que les produzcan entera satisfacción. Por lo general, exceden sus expectativas. Los convierten en el corazón de su negocio porque saben que, más que el canal de sus intereses financieros, son personas a las que valoran, acompañan y están dispuestos a ayudar, hasta convertirlos en sus socios. Cada experiencia con ese «cliente» se les vuelve —a los apasionados— una gestión clave para la que están dispuestos a entregar lo mejor de sí mismos. De esa manera marcan la diferencia.

Mucho más cuando se trata del plano personal, el de la vida en familia o con los amigos. Un buen líder busca siempre valorar a sus seres queridos, piensa en ellos de verdad como proyectos importantes a los que les quiere aportar lo mejor, para llevarlos a otro plano.

Si es una mamá o un papá apasionado, pensará siempre en la manera de aportar herramientas a sus hijos para que sean mejores personas en todos los aspectos. Su pasión por ayudarlos y acompañarlos a crecer en la vida le llevará a ser muy sensible a sus habilidades y destrezas. Luego los conducirá a aquellas actividades y tareas que les permitan desarrollarse, crecer y lucirse hasta sentirse realizados en la vida.

Los apasionados no dejan de empoderar a las personas, de animarlas y motivarlas para que lleguen a cumplir sus sueños y sus metas. Para ellos, el proyecto de vida de los otros es su propio proyecto. Se sienten realizados cuando ven brillar a otros. Su pasión los desborda a tal punto que no pueden quedársela solo para sí mismos. Necesitan compartirla, multiplicarla, darla con abundancia, de esa manera se sienten realizados y proyectados.

Siempre digo en mis conferencias y seminarios que no existe nada más apasionante para mí que ver brillar a las personas con las habilidades comunicacionales que les enseño, o con los procesos de ser mentor que desarrollamos en sus entidades, o a nivel personal. Me encanta empoderar a la gente, hasta llevarla a su nivel máximo de potencial en la comunicación asertiva; hasta encontrar su punto de alto impacto y verlos felices con sus sueños cumplidos.

Esa es mi pasión. Pasión desbordada que se ha convertido en libros, talleres, entrevistas, giras, ciudades, viajes, amigos, relaciones, redes sociales... todo. Es mí día a día, lo que le da sentido a mi vida, porque se conecta con el propósito que Dios para mí, como ese destino divino que, por supuesto, siempre irá ligado a lo más relevante de lo importante: amar y valorar a las personas. Eso es pasión total.

Un líder que ama a su gente, que siempre genera planes para despertar ilusión en ellos, que fomenta las iniciativas y los orienta a satisfacer a los demás como prioridad, que los lleva a ser un equipo artífice de la generación de valor, que cuenta con un estilo de gestión generador de entusiasmo... logrará sin duda alguna convertir su casa, su vecindario, su organización en el mejor lugar para vivir y trabajar.

No existe una mejor forma de conseguir resultados notables y destacados que a partir —y a través— de la pasión por las personas. Esa pasión por la gente debe convertirse en parte de su propósito de vida. Comience a diseñar su propio «proyecto pasión», será el mejor indicador de gestión personal y profesional. Será su plan de mejora continua y calidad total.

Asígnele una metodología, un plan de acción y busque una retroalimentación permanente y continua de quienes le rodean. Se convertirá en una experiencia sin límites que llevará a las personas a conseguir acciones extraordinarias para impactar todos los resultados. Si quiere darse un regalo asombroso para sí mismo, le propongo lo siguiente: dele «clic» al valor de la pasión en su vida y obtendrá así el más alto impacto esperado.

El resultado feliz será un cuadro completo de alto impacto. Al convertir la pasión en indicador de toda su gestión, como padre, madre, esposo, esposa, hijo, hija, amigo, líder, socio, jefe, subalterno... podrá, al final de una jornada exitosa, juntarlos a todos sonrientes y felices para la foto. Le aseguro que disfrutará de su más fotogénica imagen.

En fin, la mejor «pic» transmite pasión.

Caso de éxito en cuanto a la pasión

Alfred Navarro, Director regional DC-POS Latin America; Ingram Micro., Miami[15]

Ingram Micro, uno de los principales distribuidores de informática del mundo, me invitó a dar una conferencia sobre «El poder de la comunicación inteligente: ¡Power People!». Aquella mañana de mayo de 2014, doscientos cincuenta ejecutivos y empresarios de la región fueron empoderados durante el extraordinario evento anual regional DC-POS en el hotel Eden Roc, en Miami.

Me llamó la atención la forma en que me presentó el director para Latinoamérica, Alfred Navarro. De entrada, pude vislumbrar todo el potencial de liderazgo de ese joven ejecutivo de treinta y seis años que cuenta con la habilidad de inspirar a su equipo comercial y a sus «partnerships» —canales— hasta llevarlos a un nuevo nivel. Todo, a partir de un valor determinante que lo caracteriza y lo convierte en un directivo que sabe marcar la diferencia: la pasión. No solo pasión por el logro, sino por la gente, por la empresa, por los procesos, por todo lo que hace y dice.

Alfred Navarro transmite pasión por su trabajo, la que se ve reflejada en los resultados. Siempre busca elevar las cifras de ventas por encima de los porcentajes usuales. Y, a punta de pasión, lo consigue.

Una parte clave de la realización de esta excelente compañía es desarrollar el negocio de distribución de código de barras en Latinoamérica. Alfred Navarro es responsable de gestión de la división Data Capture/POS. También es encargado de la estrategia global de construcción del negocio, que en ese momento reportaba de manera directa a John Soumbasakis, presidente de Ingram Micro América Latina.

Cuando le preguntaron al presidente acerca de ese ejecutivo español a la compañía, dijo: «Alfred cuenta con un profundo conocimiento del mercado de código de barras en América Latina, de modo que complementará perfectamente a nuestro equipo actual», comentó Soumbasakis. «Alfred contará con todo mi apoyo para liderar el crecimiento de nuestra región en este importante mercado».[16]

De Badalona a Miami

Alfred Navarro proviene de la ciudad de Badalona, cerca de Barcelona, España. Por eso dice, con acento muy español: «Mis padres no son ricos, pero viven bien, en una casa muy bonita en España. Recuerdo cuando me sentaba en "mi playa" en Montgat, con la mirada perdida en el horizonte. Veía con claridad que mi destino no estaba allí sino al otro lado del charco. En España tenía una vida cómoda, pero buscaba triunfar mucho más en la vida, marcar la diferencia, dejar huella, por lo que sabía que tenía que arriesgarme a cruzar el Atlántico para conseguir mi propósito. Recuerdo que cuando miraba la playa en Montgat, me enfocaba hacia el norte y pensaba que daría todo de mí para ser triunfador. Por eso, cuando llegué a Estados Unidos corrí un riesgo considerable, porque en Europa tenía una vida cómoda».

Por ser el deporte una de sus pasiones predilectas y ser un buen jugador en la cancha desde niño, al llegar a Norteamérica contó con una beca de futbol para la liga universitaria. Pero un día sufrió una lesión, la cual le impidió jugar como lo había hecho hasta ese momento. Debido a esa situación tuvo una reducción en la beca, así como un cambio de rumbo en su futuro. Para seguir en la nación americana tuvo que buscarse sustento por su cuenta.

«Lo más fácil habría sido decir: ¡Me vuelvo a casa! No necesito esto —cuenta Alfred—, pero opté por quedarme; no había bajado la cabeza para llegar, no la iba a bajar para seguir; además, no quise que mis padres en España supieran por lo que estaba pasando, para no preocuparlos. Solo me concentraba en una idea: voy a triunfar».

Para complementar su beca reducida, se dedicó a dar clases de baile y de español en la universidad. Pero claro, a pesar de todo el esfuerzo y el desgaste, el ingreso no le alcanzaba.

Para poder dormir en casa de amigos se compró una colchoneta inflable, pero al poco tiempo se le reventó y terminó durmiendo en el suelo.

«Tenía que cuidar mucho el dinero —continúa Alfred—, por eso mi comida por mucho tiempo fue la del "menú de un dólar" de McDonald's, lo que me salvó la vida. Y cuando me llamaban mis padres les decía: "Todo está bien, no os preocupéis". Hasta hoy, muy poca gente sabe eso, no lo voy contando por ahí.

»Yo sabía que iba a triunfar e hice lo que tenía que hacer —dice Alfred—. A veces, la gente piensa que uno llegó aquí porque es hijo de alguien influyente o por conocer gente. No es mi caso, porque yo no era hijo de nadie influyente en Estados Unidos, ni había crecido aquí para tener contactos. Mientras mis amigos salían de rumba, yo tenía que estudiar el doble, porque tenía que sacar la maestría en un año, cuando lo común aquí es obtenerla en dos o tres años.

»Todos los días me iba a trabajar para sacar los cuatro duros (dólares), aparte de estudiar y de jugar al futbol. Mis jornadas eran mucho más que de sol a sol y día tras día, sin descanso. Eso me ayudó a saber "lo que vale un peine", como decimos en España. Sabía que tenía que salir adelante. Hoy estoy seguro de que no hubiera aprendido lo que aprendí si me hubiera quedado cruzado de brazos o si me hubiera regresado.

»Definitivamente, la pasión con determinación es la clave del éxito —dice Alfred—. Claro, con objetivos concretos. Pero cuando las cosas se realizan con pasión salen mejor y la gente nota que suceden de manera diferente.

»No fue fácil. En el futbol, por ejemplo, lo que me llevó no fue el talento, pero suplía las carencias con pasión al jugarlo, al amarlo, al sentirlo mío. Comencé a darme cuenta de que si ponía pasión y determinación, podía lograrlo todo. Esa perseverancia me llevó a conseguir la beca de estudios en Estados unidos. Mi "goal" —o meta— era convertirme en futbolista profesional, pero no se dio por las lesiones que sufrí.

»Entonces comencé a meterme en la carrera empresarial —cuenta Alfred—. Me marcó una frase de un amigo que llevaba años en este país: "Aquí, si realmente trabajas duro y muestras resultados, a diferencia de lo que era mi percepción en España, no tienes que esperar a tener cuarenta o cincuenta años para crecer". Eso me motivó bastante. Así que me dije: ¡Voy a darlo todo!

»Pude comenzar a verlo, empujando duro, haciendo cosas únicas que los demás no hacían, y sin tener miedo al riesgo».

Alfred logró con esmero una diplomatura de Ciencias Empresariales en España y luego en Estados Unidos la licenciatura y la maestría en negocios.

«Lo que marca la diferencia de mi día a día —dice Alfred— es que el negocio es parte de mi vida, no es un trabajo. Por lo general, mucha gente va a su oficina y sale, como algo rutinario. No quiere decir que lo hagan mal, pero la diferencia de lo que ven mis canales y "partnerships" es que yo hago el trabajo parte de mí, **lo vivo, lo siento**».

Quienes escriben en la red de ejecutivos LinkedIn dicen acerca de Alfred: «La diferencia de Alfred con muchos otros líderes, es que a él le importamos, siente nuestro negocio, celebra con nosotros nuestros éxitos y sufre con nosotros los tiempos duros. Siempre está dispuesto a aportar nuevas ideas y acciones para mejorar nuestra empresa».

«Me importan las empresas y las personas con las que trabajo. Quiero llevarlos a ser exitosos con pasión genuina. Ayudarlos, para que uno más uno sea más que dos. Eso fue lo que comenzó a dar resultado. Uno de mis primeros roles en la empresa Motorola fue Latinoamérica. Era el territorio que nadie quería. En poco tiempo pasó de ventas de dos millones a doce millones de dólares».

Algo estás haciendo bien

«Si sobrepasas las metas seis a siete años seguidos, es porque algo debes estar haciendo bien. Cuando comencé, trabajé en una subregión que se encontraba muy por debajo de lo que se quería, abandonada por la marca. Pero luego la zona llegó a ser igual de relevante que las otras».

Motorola reconoció el potencial de Alfred y asignó a Eduardo Conrado, el ejecutivo de Motorola en ese momento, como su mentor. Fue determinante, porque Conrado es un latino que no solo está en Estados Unidos sino que era la persona de más alto nivel en marketing de Motorola, muy reconocido en la industria. Fue un ejemplo de logro y éxito para Alfred, además de orientarle en el crecimiento empresarial.

Alfred sintió que en aquel momento Motorola no podía ofrecerle el crecimiento que buscaba. Entonces apareció la oportunidad en Datamax-O'Neil, donde también transformó el mercado y dejó huella. Puso a Datamax-O'Neil en boca de todos, mostró un crecimiento espectacular y dejó a la empresa como partícipe y socia de las mejores alianzas con canales de la industria y otros fabricantes.

«¿Cómo se logra eso? Estando pendiente de no perder ninguna oportunidad —asegura Alfred—. A mí me pueden llamar a las dos de la mañana las personas de mi equipo comercial o los canales de la región. Los atiendo y los ayudo porque realmente lo vivo. Es una pasión. Solo la pasión y la determinación pueden llevarte a pasar de un «market share» [cuota de mercado] en determinado país, de cinco por ciento a ochenta por ciento.

»Me siento muy identificado con la gente de Latinoamérica. Desde España siempre tuve amigos latinos con los que disfrutaba. Sobre todo la "hora latina". De ellos siempre me han gustado cosas como las ganas, la alegría, el positivismo y la hospitalidad. Me encanta estar conectado con la gente. Por eso cuando comencé a conocer cientos de canales y tratar con ellos me fascinó. Muchas de mis mejores amistades en "este lado del charco" son latinos, no me agrada cerrarme en un grupo de mi país».

Un nuevo nivel

Mientras habla con pasión de su pasado y su presente como destacado líder empresarial, Alfred Navarro prepara el próximo evento para sus *partnerships* en Miami.

«En el 2014, el lema fue "Una nueva era". Porque el mundo está cambiando, las formas de negociación... ¡todo!, y nosotros también, para pasar a ser reconocidos y ser el distribuidor mayorista de moda. Además, por las muchas y novedosas maneras de interactuar con el mundo, que ya no es lo mismo. Las redes sociales, la comunicación, todo cambia.

»En el 2015, el lema es "The Next Level" [El próximo nivel], porque ahora debemos tomar eso que ya avanzamos y llevarlo al siguiente nivel. Implementar, por ejemplo, las redes sociales y ponerlas en un nivel que comiencen a producir cada vez más para la empresa.

»Necesitamos maximizar. Que los clientes sean socios. Reciprocando, ayudándoles a elevar su negocio.

»Los talleres y conferencias de comunicación son parte de ese proceso de crecimiento y empoderamiento. El año anterior les predicamos. Ahora viene la aplicación. Por eso es importante el "Workshop", con lo que les decimos "cómo hacerlo". Si hablamos de "social media", es porque no quiero que se quede en el tintero, sino llevarlo a un nuevo nivel.

»Uno va cobrando conciencia en cuanto a que la vida no es para siempre. Vivo con pasión cada día como si fuera el último. El día que yo me vaya me quiero ir contento y tranquilo de que di todo lo que pude».

¡Da gusto verte bailar!

«Pasión es hacer que las cosas pasen cuando tienen que suceder, y de la manera que tienen que ocurrir. En el baile, por ejemplo, nunca fui el bailarín más técnico ni el que sabía los mejores pasos, pero la gente me decía: "¡Da gusto verte bailar!". No era por lucirme, sino por la pasión que le ponía.

»Aquí, en Estados Unidos, uno debe tener una mentalidad amplia. Muchos europeos —españoles, rusos, etc.— tratan de buscar sus raíces cuando están en Norteamérica. Eso está bien. Pero no hay que encerrarse ahí. Creo que lo que ayuda es vivir dispuesto a conocer otras visiones diferentes del mundo, otras percepciones y otras maneras. Esa riqueza te ayuda a crear una identidad propia».

Alfred Navarro llegó a Ingram Micro gracias al trabajo fantástico que hizo en Datamax-O'Neil a nivel de Latinoamérica. Allí, en su primer año, fue el número uno en ventas mundiales. En el segundo año, estuvo entre los «Top Five» —los cinco primeros— a nivel mundial.

En Ingram Micro, comenzando en la división desde cero, en un distribuidor que era el menos significativo en la industria de captura de datos y puntos de venta, su carrera ha sido un gran éxito. A través del valor de este ejecutivo enfocado se ha conseguido llevarlo a ser un distribuidor realmente fuerte, con el que todo el mundo quiere trabajar. Eso es pasión.

LA MEJOR «PIC» TRANSMITE INNOVACIÓN

La innovación distingue a los líderes
de los seguidores.
Steve Jobs[1]

3 | CRÓNICA DE LA INNOVACIÓN

Arturo Wagner: Imágenes de una «pic» ganadora

LOS DÍAS PASABAN sin pausa, cada vez más veloces, escurridizos y volátiles, por eso Arturo Wagner se sentía muy estresado ante tanta presión. Un mes no le alcanzaría para terminar de preparar la presentación más importante de su vida. Era la oportunidad de exponer la investigación que realizó por años con el equipo de pensadores del Wagner Center Institute y optar al Premio a la Innovación otorgado por una de las más importantes organizaciones en Washington.

El Wagner Center era una entidad dedicada al desarrollo de proyectos de innovación. Él mismo lo fundó en

1990, junto a un grupo de amigos genios del desarrollo humano, dedicados a analizar los próximos avances innovadores a nivel empresarial mundial. Desde que lo comenzó decidió que llevaría la marca Wagner, de su apellido paterno, porque le había dejado el legado de la investigación de varias generaciones. Su bisabuelo había sido amigo y parte del equipo de William Branfield, uno de los más célebres científicos de Escocia. Por el lado materno también, porque sus abuelos de apellido Do Santos, provenientes de Brasil, habían aportado a la medicina de su país uno de los laboratorios médicos más importantes en el campo farmacéutico brasilero.

El motivo de su afán ahora no era solo ganarse el atractivo premio, equivalente a quinientos mil dólares. Aunque en realidad ese medio millón sería una bendición del cielo en un momento en que la recesión había afectado tanto a Estados Unidos y se sentía en todos los campos. Sobre todo en el de la investigación, por ser lo primero que recortan las entidades cuando deben bajar el nivel de gastos presupuestales.

Lo que de verdad le apasionaba en la vida era encontrar formas de innovación para las próximas generaciones de Estados Unidos y el mundo entero. Estaba dedicado cien por ciento a la investigación desde hacía veinticinco años. De manera que no se sentía muy dispuesto a arriesgar su tiempo en equivocaciones, ni a tomar malas decisiones. La próxima plataforma de redes sociales que revolucionara la

forma de comunicarse de la gente, ese era su verdadero reto y desafío personal.

Wagner manejaba una fuerte presión que crecía a
medida que se acercaba la fecha de la presentación
y la entrega de premios. Una terrible neuralgia se le
había alojado entre la espalda y el cuello, al punto de
dejarlo con una insoportable tortícolis. Esa mañana
acudió temprano al doctor; le solicitó unos exámenes y
unos medicamentos para el dolor. Le aplicaron algunas
inyecciones y le recetaron pastillas para desinflamar y
relajar. Con esa dosis de medicina acelerada, continuó
adelante con su proyecto sin detenerse. Necesitaba
ganarlo para apoyar a otros, pero también para invertir
en el crecimiento del centro Wagner, al cual le había
dedicado toda su vida y en el que tenía fijados todos
sus planos, sueños y esperanzas.

Todo estaba casi listo. Ya había presentado el proyecto y lo habían calificado como óptimo. Pero esta
última parte le parecía la más difícil, complicada y de
dolor gástrico: ¡la bendita presentación ante los jurados
e inversionistas!

Para corroborar que todo estuviera bien con su proyecto como participante nominado al Premio Mundial
a la Innovación, le enviaron de Washington un joven
auditor que supervisaría todos los detalles finales de
la presentación y se cercioraría de que nada fallara en
la logística. Por supuesto que era excelente la idea de
contar con un ejecutivo bien entrenado para el asunto,
pero también se volvía un poco inmanejable e insufrible

tener a un pequeño gran genio actualizado metido entre su agenda, sus papeles, sus archivos electrónicos y todos los detalles.

Esa primera mañana de septiembre, Arturo Wagner Do Santos comenzó el diálogo con el brillante y lozano experto enviado para acompañarlo en el proceso. Era proveniente de Washington, también de raíces latinas, pero en este caso de México. Se llamaba Juan Carlos Cifuentes.

—¿Qué opinas de lo visto hasta ahora en nuestro centro de estudios? —le preguntó Arturo, como para derretir el hielo e iniciar la conversación. Además para medir de una vez las apreciaciones del joven experto con mirada un tanto inquisidora.

—Me parece que cuentan con una excelente trayectoria en todos los temas de investigación acerca de la gestión del cambio a nivel empresarial y gubernamental. Pero la verdad es que veo poco material en cuanto el tema de la innovación. Faltan documentos que comprueben su habilidad en el tema. Más hallazgos técnicos y de avanzada en el mundo de las nuevas tecnologías de informática.

—¡Claro! Ya presentía que esa sería su apreciación —exclamó Arturo—. No entiendo por qué los jóvenes investigadores cifran todo en lo técnico y se apartan de lo humano que, para mí, es lo más importante. Déjeme decirle, con todo el respeto, que nada sacamos con tremendos hallazgos en nuevas aplicaciones y tecnologías, si no contamos primero con la conciencia de la innovación a nivel de las personas. Porque para mí, la innovación se centra más en el cambio y la transformación de las personas que en los procesos. Cuando transformamos a las personas, ellas se encargan de llevar la transformación a los procesos, con los más altos estándares de tecnología posibles.

—Bueno, en parte tiene razón —le contestó Juan Carlos con tono un tanto escéptico y bastante arrogante—. La gestión humana es clave para el logro de la innovación, pero no es el objeto central de ella. Porque lo que nos interesa innovar son los procedimientos, los programas, las aplicaciones... En fin, todo aquello que tiene que ver, de una u otra forma, con las nuevas y revolucionarias tecnologías, no con el obsoleto humanismo y el soporífero análisis de los comportamientos de las personas. Para eso están otros espacios y disciplinas. ¡Qué *nerds*!

—Me parece, con todo el respeto también —siguió Juan Carlos— que esa perspectiva de la innovación en cuanto a las personas está un tanto halada de los cabellos. Sacada de la nada. Del emocionalismo subjetivo, poco práctico y rentable.

En ese momento Arturo confirmó su sospecha no infundada: el asunto del premio y de su presentación estarían muy complicados y bastante complejos. Por un momento sintió que estaba nadando contra corriente y en reversa.

—Bueno, se hace tarde, dejemos el tema para otro día porque ahora debo ir a dictar una clase de pensamiento estratégico en la universidad y el camino es largo hasta allá —respondió Arturo con disimulo, para cerrar la conversación, que ya no iba para ningún lado más que para el desastre de una no recomendable pelea.

Tuvo que hacer un serio ejercicio de inteligencia emocional para no dejarse enganchar por los impertinentes comentarios del petulante y presumido joven ejecutivo. Respiró profundo, comenzó a dar pasos para alejarse mientras se despedía con presteza, como quien debe salir pronto y apurado para un compromiso. Con una sonrisa simulada se despidió. Pero, la verdad, estaba huyendo del sofocante momento que no resistiría mucho más. Permanecer frente a un sabelotodo engreído, manipulador, agresivo y además humillante, le parecía irritante. Incluso, aunque tuviera que perder el premio, o abandonar su sueño de ampliar el Wagner Institute, no estaba dispuesto a seguir escuchando semejantes barrabasadas en contra de todos los principios que había defendido por años.

¡Qué atrevimiento y qué descaro!, pensaba Arturo mientras manejaba su camioneta por una de las avenidas principales de Washington. *Semejante muchachito presuntuoso, venir a decirme a mí cuál es el mejor enfoque de la innovación... ¡Qué disparate tan absurdo! Y lo peor es que debo consentir que sea mi «interventor» de proyecto. ¡Dios mío! ¡Ayúdame! Necesito altas dosis de paciencia, inteligencia y, sobre todo, mucha entereza para no dejar menoscabar mi sueño... Aunque tampoco puedo dañarlo todo, por no contar con el temple*

suficiente para tolerar a este chiquillo aparecido... ¿En qué estoy metido?

Por su parte, Juan Carlos salió muy orondo para su moderno apartamento de soltero en el *downtown*. Mientras pasaba por el pesado tráfico de la hora pico, se dispuso a hablar durante el largo trayecto por el celular con una de sus mejores amigas en la ciudad, la famosa modelo española Carla Utrilla. Con risas burlonas comenzó a contarle lo sucedido en su primera visita al Wagner Institute.

«¡No te imaginas! Qué tarde la que me tocó, con un líder de proyecto absolutamente arcaico, añoso, obtuso y pánfilo, que no puede pensar más allá de sus narices. Su gran teoría —decía Arturo en tono burlón— es que la innovación debe centrarse en las personas y no en los programas tecnológicos. ¿Te imaginas? ¡Qué ridiculez! Me parece que me voy a divertir mucho con el cargo de interventor de este proyectico pasado de moda. ¡Qué onda!

»A veces pienso que la organización ya no debería ni admitir proyectos de personas mayores de cuarenta años como parte de la lista de los nominados —continuó Juan Carlos—. Al fin y al cabo, es perder el tiempo porque nunca, escúchame bien, nunca van a ganar. Por tanto, se desperdicia la oportunidad de utilizar nuestras valiosas horas como asesores en proyectos de innovación contemporáneos que sí valgan la pena. ¿No te parece?».

Hubo un silencio largo en el celular. Carla no contestó porque hacía ya varios minutos que se había caído la llamada. Furioso por el mal servicio telefónico, durante todo el camino que le restaba siguió refunfuñando solo en contra de la empresa de telecomunicaciones, pero también por el pesado tráfico de la ciudad, por la mala programación de las emisoras de radio... por todo.

El nuevo día apareció esplendoroso, y muy temprano —a las seis en punto—, Arturo salió como solía a caminar y trotar para meditar alrededor del inmenso parque que rodeaba la zona residencial donde vivía desde hacía dieciocho años. Con la misma persistencia y autodisciplina que había iniciado su ejercicio cotidiano el día que llegó a la zona, así mismo salió esa mañana en la que ya comenzaban a aparecer con fuerza los cambios del otoño. Muchas estaciones lo habían visto correr año tras año en el bellísimo lugar, pero parecía como si esa fuera una temporada distinta. Traía consigo unas brisas mucho más frías. Temblaba de frío, pero también porque se sentía nervioso e inquieto.

Según el conteo regresivo de su cronómetro mental, producto del pánico escénico que lo acompañaba, faltaban veintisiete días para el de la presentación del proyecto de innovación del Wagner Institute ante los jurados e inversionistas en el gran salón del Washington Convention Center. Su resolución de ganar era tal que, como parte de su plan de preparación, también incluyó la forma en que agradecería a la audiencia del gran escenario por el preciado galardón.

Aunque, en la lucha contra sus propios miedos, de pronto le asaltaban dudas y temores acerca de las posibilidades de perder, porque sabía que debía enfrentarse a gente mucho más joven. Y, no lo podía negar, le hacían mella en el oído las palabras del joven interventor, las que le minaban un poco su seguridad. No dudaba ni un segundo de su teoría y su propuesta. Estaba seguro cien por ciento de que la innovación sí debería enfocarse primero en las personas que en las tecnologías. Pero le atemorizaba pensar que el jurado de pronto no lo viera así y pensara con desprecio, igual que Juan Carlos, que él no era sino un investigador obsoleto, venido a menos y mandado a recoger.

Así transcurrieron los días, cada vez más veloces y raudos. Gracias a su noble capacidad de resiliencia para sobreponerse a la adversidad y a las situaciones adversas, así como a su imperturbable, impasible, ecuánime, impávida y estoica serenidad, Arturo había logrado tolerar a Juan Carlos, cada hora, en su oficina de investigaciones. Este, por su parte, comenzaba a guardar largos silencios de desconcierto, sorprendido y admirado por la entereza y probidad de Arturo como investigador. Pero sobre todo como persona. Aunque jamás lo reconocería. Sería un fatal golpe para su orgullo de pavo real, acostumbrado a inflar su pecho azul y sus prepotentes alas policromadas. Por ahora, al parecer, las tenía recogidas.

—Llegó la hora —fue lo primero que dijo Arturo esa mañana al saludarlo.

—Sí, señor —contestó Juan Carlos—, llegó la hora.

No se dijeron nada más y salieron con su traje formal rumbo al evento, era el día señalado. Arturo con un clásico vestido entero de paño gris oscuro, muy conservador. Juan Carlos con su gabán negro y los jeans de marca que acababa de comprar en New York. Ambos con camisas blancas y bien perfumados para la alfombra roja del día señalado. Todo estaba listo para la entrega del Premio Mundial a la Innovación en Washington Convention Center. Cada uno salió en su auto, silenciosos, solo pensaban con nerviosismo y expectativa en lo que podría suceder. Las posibilidades de ganar de Arturo, según Juan Carlos, eran mínimas.

Arturo sentía que le latía en el corazón una palpitante y emocionante esperanza. Para él no se trataba de un evento más, se encontraba en una etapa de la vida, y de su carrera, en la que cada suceso se vive al extremo, como quien se juega el todo por el todo. Sin derecho a equivocarse ni a perder. Solo hay chance para ganar, porque comienzan a escasear los años y las oportunidades. Este era su cuarto de hora y no quería darse el lujo de pensar en la opción de dilapidarlo. Aunque a Juan Carlos y a todo el mundo le pareciera imposible, y hasta grotesco, él vibraba con la opción de ser el ganador.

—¡No hay nada imposible para ti, Dios! —Solo se repetía esa frase durante el camino, con las manos heladas y la palidez propia de un susto progresivo. Lo decía con la humildad de quien reconoce la necesidad de un milagro. Claro, también con la propiedad de quien ha trabajado toda su vida en un proyecto al que le ha puesto todo su empeño, constancia y disciplina. Pero, la verdad, ya en esta fase del proceso sentía la necesidad de acudir a la intervención providencial. Porque aunque era un obstinado y terco intelectual, poco religioso, Arturo reconocía el poder sobrenatural de aquel a quien consideraba el Creador de la grandeza del universo. A él se dirigía.

El salón de convenciones estaba lleno. Arturo no sabía si era el efecto de sus nervios a punto de explotar o eran las luces sofocantes de las cámaras de los medios de comunicación, pero un calor asfixiante se sentía en el ambiente. Al fondo, una colosal y clásica orquesta sonaba con una de las piezas más bellas de la música americana, lo que lo emocionó aún más, porque ese había sido el tema de sus padres durante su romance: «Begin the Beguine» [El comienzo del comienzo], interpretada tantas veces por gigantes como Cole Porter, Frank Sinatra, Andy Williams, Tom Jones, Engelbert Humperdink, Johny Mathis, Julio Iglesias y hasta Michael Boublé, en las nuevas generaciones.

El tema presagiaba un nuevo comenzar, como una confirmación casi profética de que todo sería nuevo a partir de ese día para él y su equipo. Pasara lo que pasara, él nunca sería igual después de todo ese largo proceso. Sin duda, todo volvería a empezar ahora para el Wagner Institute. Con premio o sin premio, vendrían nuevos ciclos.

Tan solo el hecho de haber sido nominado ya lo colocaba en otro plano ante el mundo entero. Se abrirían nuevas puertas, oportunidades, contactos y proyectos.

Aun si quedara en el tercer lugar, por ejemplo, podría recibir la suma de ciento cincuenta mil dólares, que no estaba nada mal. Y si no quedaba en ningún lugar, pues se llevaría el consuelo de saber que se esforzó al máximo por transformar la cultura de la innovación y sensibilizarla hacia un plano más humano y ontológico.

De repente la música se interrumpió y el elegante maestro de ceremonias inició el programa, con la presentación de los jurados. Solo con el nombramiento de cada uno con sus perfiles en el mundo empresarial y gubernamental, Arturo sentía que era increíble estar allí en ese momento.

Por fin llegó el momento de la entrega de premios. Mencionaron los tres primeros puestos. En el primer lugar, un magnate mundial de la informática, Michaell Smith, que había logrado todos los procesos de innovación de un importante canal de televisión en Latinoamérica. En el segundo lugar, Susane Pearl, una mujer de Sur África, fundadora de una organización sin fines de lucro que inventó los programas de innovación en responsabilidad social para niños afectados por el hambre en el África. Y en tercer lugar... No fue él. No, tristemente no fue él. Se lo dieron a un joven japonés, Yoshuma Kown, que consiguió aportar un revolucionario proyecto de innovación para un gobierno asiático con el cual ahorrarían millones de millones de dólares en energía.

Arturo los aplaudió a todos en forma apoteósica y entusiasta, porque los conocía y de verdad le emocionaba su triunfo. Sabía que sus trabajos habían sido realmente buenos y eran un serio aporte a la innovación mundial.

Bueno, estar al lado de ellos como nominado ya es toda una ganancia, pensaba un poco triste, pero a la vez satisfecho por haber llegado hasta ese punto.

Al otro lado del salón, sentado entre el equipo de asesores de la compañía organizadora, estaba Juan Carlos, pendiente de lo que sucedería. Cuando escuchó el veredicto final pensó: *Lo sabía. Arturo jamás ganaría este premio, porque el nivel de los ganadores es demasiado alto y él nunca conseguiría alcanzarlos con su teoría de la innovación centrada en lo humano.*

Con cierta sonrisa un poco irónica y mordaz, volteó a mirar a Arturo desde lejos y lo saludó con un gesto de «lo siento». Aunque en el fondo, Arturo sabía que no era tan sincero. Lo que de verdad estaba tratando de decirle Juan Carlos con su ademán de simulado sarcasmo era: «¡Se lo dije! Yo tenía la razón. Nunca ganaría».

En ese momento se escuchó la voz del presentador que continuaba el programa.

«Señoras y señores, en esta oportunidad las directivas de la organización y la del Premio Mundial a la Innovación presentan ante ustedes el premio a una vida y su obra, otorgado a aquellos que han dedicado su existencia a la investigación y los grandes proyectos de innovación.

»Este año el ganador es el doctor Martín Connors, el más destacado investigador de proyectos de innovación que ha existido en el mundo. Al fondo, el video con las imágenes del gran científico conmovió al auditorio, porque era muy querido por todos y acababa de fallecer dos meses atrás, debido a un paro respiratorio.

»Pedimos un momento de silencio en honor a su memoria», dijo el presentador. Después del silencio, vinieron los aplausos. Pero luego vino una nueva intervención del presentador.

«Por considerarlo justo y pertinente, y por la ausencia del doctor Connors, el jurado ha decidido este año otorgar este premio a una vida y su obra, a una persona que se encuentra en el auditorio y que nos ha sorprendido por su perseverancia en las teorías sobre la innovación. Señoras y señores, recibamos al ganador de este honroso y merecido homenaje, el doctor Arturo Wagner, fundador y director del Wagner Center Institute».

Arturo se quedó paralizado del impacto. No podía creer lo que estaba escuchando. El auditorio entero gratamente sorprendido se levantó y lo aplaudió por largos minutos, que parecían suspendidos en el infinito. Arturo miraba hacia todos lados y veía las caras de satisfacción de la gente que lo acompañaba en su felicidad.

De pronto, se encontró con la mirada de Juan Carlos Cifuentes, a quien le dirigió un ademán de saludo, pero a la vez una mirada de reivindicada dignidad, con la que le demostraba el triunfo de su teoría que ya no sería más tildada de obsoleta, sino de patrimonio para la humanidad: «La innovación debe centrarse en las personas, más que en la producción y los procesos técnicos».

Juan Carlos, un poco avergonzado y confundido, pero a la vez muy contento por el triunfo de Arturo y de todo su equipo, aplaudió como nadie en el auditorio ese triunfo que, más que un premio, era una lección a bofetadas para su vida. Con los ojos encharcados por las lágrimas, un profundo sentimiento de afecto y admiración emocionada, sintió que debía reconocerlo: era el triunfo de la sabiduría y la madurez, sobre la insensatez y la necedad inexperta.

Esperó a que terminaran todas las entrevistas de la radio, prensa y televisión para Arturo. Los abrazos, las felicitaciones y la firma de autógrafos sobre su libro de innovación. Esperó y esperó para saludarlo aparte y felicitarlo.

—Reconozco que usted tenía la razón, doctor Wagner —le dijo Juan Carlos—. Quiero felicitarlo pero, sobre todo, pedirle perdón por mi incredulidad y falta de valoración a su proyecto. Creo que desperdicié una gran oportunidad para haber aprendido más a su lado. Reconozco que estaba tremendamente equivocado. Su proyecto no es obsoleto ni arcaico, es digno de todos los honores que recibió aquí y los que vendrán.

—No te preocupes —le contestó Arturo con una amable sonrisa—. Te cuento que una de las cosas que más me chocaban de tu actitud era el parecido que tenía con la mía cuando tenía tu edad. Yo fui como tú cuando comenzaba en este largo camino. Pero con el paso de los años uno aprende que el valor de la sencillez y la humildad es más fuerte que el de la arrogancia y la prepotencia, que cansan y no dan paz. Más allá de tener o no la razón, me importan las personas y la relación. Por eso, con la lección aprendida, te invito a que seas parte de mi equipo. La verdad, sí necesito nuevo impulso y gente de potencial que refresque el equipo, un tanto «arcaico» como dices tú.

Ambos rieron y se dieron un fuerte abrazo, mientras Arturo sostenía en su mano derecha el premio otorgado que decía: «A Arturo Wagner, por su contribución a la innovación». Premio a una vida y su obra.

—Permítame ahora —continuó Juan Carlos—; por favor, no se vaya sin que nos tomemos una foto con el premio. La publicaré de inmediato en las redes sociales y la enviaré a mis amigos periodistas famosos en los medios de comunicación más importantes. Esta foto con usted, mi mentor, será la imagen de la verdadera innovación. La mejor «pic».

4 | LA MEJOR «PIC» TRANSMITE INNOVACIÓN: INNOVAR O MORIR

SI ARTURO WAGNER hubiera desistido en su persistente empeño por demostrar que la innovación comienza por la transformación de los valores en las personas, seguro la crónica hubiera terminado con el fatal fracaso de otro valioso líder e investigador arruinado y decepcionado, con los sueños cercenados.

Un hombre o una mujer con visión innovadora determinada pueden mantener viva la pasión de un proyecto y llevarlo hasta el final, si saben pelear la batalla de la fe. La innovación debe suceder a la pasión. Porque esta es el motor que la impulsa y posibilita su funcionamiento, desde el principio hasta el final.

La innovación ha llegado a convertirse en tema número uno del top de prioridades de los presidentes y líderes de las organizaciones y gobiernos en el mundo entero, cada vez más competitivo y cambiante. Un buen líder y una buena entidad siempre sorprenden con sus planes para los próximos años, porque buscan realizar acciones inéditas. Aunque sepan que deben trabajar duro para lograrlo, continúan siempre en la búsqueda de nuevas ideas para anticiparse al mercado y sorprender tanto a la gente como a sus clientes en especial. De esa manera podrán reinventar el negocio y, lo más importante, reinventarse día a día a sí mismos.

Siempre con claros y contundentes proyectos de calidad que incluyan el valor de la pasión como parte de su plan estratégico y su gestión de resultados. Después de conseguirlo, sí podrán dedicarse a su larga lista de acciones para alcanzar la rentabilidad deseada. Cada una de las divisiones y departamentos medirán el nivel de impacto basados en la necesidad de cambio y mejoramiento. Por eso en el proceso debe darse prioridad a la intención de renovarse. Porque la innovación solo será efectiva cuando exista una nueva estructura —o cultura— con la estabilidad suficiente para soportarla.

La consigna de una entidad o persona con planes de mejoramiento continuo debe ser: «Innovar o morir». Debe saber que si no cuenta con un plan de innovación, estará condenado a ser parte de los tantos y tantos que terminan en el único archivo donde no deberían estar: el de la papelera de la basura. Si no está dispuesto a innovar, debe programarse para ser próximamente nada más que un *commodity*, una mercancía más. Un elemento de adorno que terminará por perder vigencia y valor. Uno de los factores clave del crecimiento es permitir que un proyecto obtenga relevancia, trascendencia y predominio, a partir de la innovación.

El término *innovación* proviene del latín *innovare*, que significa «novedad y renovación». En la mayoría de los casos se emplea para proyectos e inventos y su planeación financiera. En ese ámbito, las ideas se convierten en innovadoras solo cuando son implementadas como productos o servicios que triunfan a nivel comercial. El economista austro-estadounidense Joseph Schumpeter explica que las invenciones e innovaciones son la clave del crecimiento económico y que quienes implementan ese cambio de manera práctica son los emprendedores.[1]

En el campo empresarial se habla hoy de innovación abierta —*open innovation*— concepto planteado por el profesor Henry Chesbrough[2] como una estrategia para salir de los límites de las cuatro paredes de la organización e interrelacionar los procesos con otras entidades. De esa manera, ya no se quedan solo en su autosuficiencia, sino que se abren a nuevos planteamientos, que los llevan a interesantes interrelaciones e integraciones.

Para Schumpeter,[3] la innovación no solo se refiere a los inventos, sino que se relaciona con la presencia de las novedades técnicas y organizacionales en los procesos. Además, piensa que para ser un verdadero innovador, se requiere ser un auténtico «empresario creador», que es diferente a un «empresario de arbitraje», porque este último solo busca adquirir ganancias y bajar los costos.

El empresario creador genera nuevos espacios para la acción que impulsa el proceso, mientras que el de arbitraje se interesa por abarcarlo todo en poco tiempo. El creador es un pionero que recibe premios por la innovación, por medio de sus planes de mejoramiento continuo.

Otro experto aleman, Jürgen Hauschildt,[4] dice que la innovación se trata fundamentalmente de lo «nuevo». Se refiere a los nuevos productos, mercados, modelos, procedimientos, procesos, vías de distribución, frases publicitarias. En ese sentido, la innovación muestra lo novedoso, lo diferente. Todo el mundo lo notará. Porque una innovación real es muy perceptible para quien la aprecia. Se dará cuenta de que existe un propósito y un objetivo en el proceso innovador.

El término innovador, del francés «innovateur», proviene de un calificativo militante muy positivo. Se llamaba innovadores a quienes, cualquiera que fuera su labor, arte o ciencia, eran capaces de involucrar lo novedoso, romper la rutina y permitir el cambio, a pesar de la diversidad de enfoques y opiniones.

A partir del siglo XIX, fue entonces corriente desig- nar como innovadores tanto a grandes artistas como a descubridores, inventores y políticos reformadores. Y es en ese sentido que el término es utilizado hoy en los medios científicos, artísticos y culturales.

Sin embargo, donde la presencia de la innovación cobra mayor relevancia es en el campo cultural y en el de la gestión humana. Porque en esa esfera, la posibilidad de encontrar nuevas oportunidades, con creatividad, se relaciona de manera directa con la capacidad de innovar y ser vanguardistas desde la esencia del ser, de las personas, más que de los procesos y los productos. Al final, si se logra sensibilizar la innovación en el ser, se verán los sorprendentes resultados en el hacer, como causa-efecto.

Desde el punto de vista ontológico —o estudio del ser—, podemos decir que la Innovación es una competencia personal tan importante como la comunicación o el liderazgo. Además, debe formar parte de ellas, como un requisito fundamental para la capacidad de producción y de realización personal de un individuo, cualquiera que sea su campo de acción.

5 | EL CONCEPTO DE INNOVACIÓN Y SU AUGE

EXISTEN INFINIDAD DE definiciones sobre el término innovación, y cada vez surgen otras junto con los nuevos investigadores del tema. Por esa razón, las posturas y los tipos de pensamiento al respecto son diferentes y a veces opuestos. Ya que la innovación puede describir tanto a los productos, los procesos y su distribución, como a las personas, por eso se vuelve un tanto complejo tratar de introducir en una sola caja dicho concepto.

Lo único que está claro y seguro es que la innovación, desde su raíz, debe mostrar siempre una constante: la relación con lo nuevo. Y este vocablo, «nuevo», no tiene que ver solo con los asuntos temporales y de cronográficos, sino también con los temas de dimensión social y cultural. De manera que el espectro de la innovación es demasiado amplio. No se puede encasillar en un solo esquema o paradigma, porque dejaría de ser innovación. Aun así, es posible establecer algunos elementos que son una constante en todos los casos de innovación. Como la novedad, la transformación y el cambio.

El componente de la «novedad» marca la pauta siempre en el concepto de innovación. Lo vuelve singular. Tanto en productos, metodologías, artículos, diseños, como en servicios y programas de entrenamiento. Y por su parte, el «cambio» debe mirarse como un factor de éxito, no de conflicto. Porque siempre implica el desarrollo de nuevos procesos, personas, sistemas e implementaciones.

La innovación siempre trae consigo ventajas, sobre todo en el campo cultural, porque implica renovación, nuevo oxígeno y transformación. La presencia de nuevos proyectos que implican una motivación y un entusiasmo renovados en las personas.

Tipos de innovación

Para efectos de clasificación, ahora se habla de algunos «tipos de innovación»: técnica, de servicios, de modelos de negocio, de diseño o social. Creo que en ese amplio abanico de opciones debe volverse imprescindible mencionar la innovación comunicacional. Porque si logramos innovar todo, pero continuamos con una comunicación arcaica y obsoleta, los esfuerzos serán en vano. Al final, lo que cuenta es transmitir esas técnicas, servicios, negocios y diseños, a partir de procesos comunicacionales innovadores, no vetustos y obsoletos.

Lo que encuentro en algunos casos de ser mentor empresarial es un particular desequilibrio entre la innovación de los programas y una cultura comunicacional demasiado formal, más bien arcaica, montada sobre viejos paradigmas y estructuras pesadas, poco innovadoras.

A partir de un interesante proceso de desaprendizaje y desmonte de paradigmas, logramos construir una cultura de comunicación inteligente fundamentada en la innovación. En el cambio de las personas y los procesos, a partir de lo nuevo. Una comunicación siempre más fresca, minimalista y descomplicada, dentro de los parámetros de: «menos es más» y «el valor de lo simple». Lograr profundidad y efectividad con claridad y sencillez es mi apuesta día a día en cada seminario, conferencia, taller, libro o mensaje de redes sociales. Se aplica tanto a las habilidades de comunicación hablada, escrita y de escucha, como a la construcción de una cultura organizacional.

La definición más común y aceptada de innovación es: un cambio que supone una novedad. Es decir, reformar, renovar, transformar, cambiar. Si eso es así, creo que el primer escaño en el que se debe incluir la innovación, tanto a nivel empresarial, organizacional como personal, es el de la comunicación. Solo un proceso comunicacional innovador podrá ser en verdad de alto impacto.

Por lo general, en las empresas y organizaciones el desarrollo se mide según el nivel de innovación reflejado en la inclusión de servicios y productos nuevos. Pienso que es necesario un reenfoque. La manera como en verdad se puede medir la innovación es en la gestión humana de la organización. Muchas veces, los productos no requieren modificaciones de manera tan urgente, en cambio siempre es imprescindible la actualización de las personas, la sensibilización de los valores y la alineación de su comunicación. Allí es donde debe enfilarse una buena parte del presupuesto: en el desarrollo humano y la capacitación, porque es a través de ellas que se logrará la principal forma de innovación.

Lo común es ver en las empresas un interés notable por la innovación enfocada en renovar los productos, la marca y el portafolio, según la demanda del mercado. Solo aquellas organizaciones dispuestas a invertir en la actualización de su gente verán verdaderos resultados. En el campo del desarrollo de competencias comunicacionales, la necesidad de innovación es apremiante e indispensable.

No se puede pretender un cambio de imagen externo si no existe una transformación de la cultura interna. Y si se logra, se notará el desajuste y la falta de coherencia entre lo que se dice hacia afuera y lo que realmente se es en esencia. Los procesos de empoderamiento en comunicación que lidero en las entidades, establecen una cultura de comunicación inteligente en la que las personas reciben la sensibilización suficiente para convertir la innovación en una realidad que se transmite totalmente con asertividad.

En síntesis —y en acuerdo con el doctor Wagner, de la historia ya contada—, el énfasis debe ser en lo humano, no en lo técnico ni en las mercancías. Solo para efectos de esclarecimiento, definiremos aquí cuáles son esos tipos de innovación más conocidos:

La innovación en la tecnología

Una de las disciplinas más enfocadas en la innovación es la tecnología. Justo porque su razón de ser es el avance permanente, por medio de la creación de aplicaciones y dispositivos novedosos. También a través de la modificación de los ya existentes. Los cambios llegan con los productos novedosos. En el caso de los nuevos computadores, teléfonos celulares, televisores, equipos de sonido y todos los elementos de alta tecnología, la presencia de la innovación es permanente. Para que un proyecto cuente con alto impacto, requiere de una constante innovación tecnológica.

La innovación en la creatividad

La creatividad es un campo en el que la innovación es definitiva. Siempre a partir de la inspiración y la originalidad. Todos los procesos que muestran cambios requieren un alto componente de inteligencia creativa. Algunas veces, solo busca transformar o restaurar una creación que ya existía. Otras, se puede alcanzar a través de una lluvia de ideas diversas y pluralistas. Las creaciones innovadoras no solo se dan en el campo del arte, también en la industria, el entretenimiento y, por supuesto, en el de la comunicación. Para que una obra cuente con alto impacto, requiere de una constante innovación creativa.

La innovación en la educación

Un campo en el que la innovación determina el éxito de los resultados del aprendizaje es el de la educación. La aplicación de las nuevas tecnologías a la educación, como los programas *eloarning*, ha revolucionado el vasto universo de la enseñanza. Innovar en el ámbito educativo implica la renovación de los recursos que se utilizan. Nada mejor para los estudiantes que la introducción de elementos digitales, audiovisuales o virtuales en el aula de la clase. La volverá de inmediato más experiencial, divertida y amena y, como consecuencia, más efectiva. Si se trata de temas como la educación a distancia, necesita mucho más del apoyo de programas de innovación.

La innovación en la empresa

Se le llama también «Innovación disruptiva», por la manera decisiva como ha entrado en las entidades, de tal forma que genera fuertes transformaciones. Implica procesos de cambio que incluyen a algunos grupos menores, pero luego se convierte en objeto de importante demanda. Cuando se da la innovación, las compañías logran, con sus nuevos productos, servicios o modelos de negocio, superar a otras entidades también líderes en el mismo sector. En este caso, las empresas que han creado nuevas formas de comunicación virtual, como las redes sociales, disfrutan los beneficios de la innovación. Para que una empresa cuente con alto impacto, necesita innovación disruptiva.

La innovación como competencia personal

La innovación como competencia personal requiere el desarrollo de habilidades clave que le permitan a la persona ser un verdadero innovador, tal como los que las empresas y organizaciones necesitan y buscan. Los que la nación o ciudad requieren para llegar al verdadero desarrollo y transformación con espíritu de progreso.

La competencia personal de la innovación depende del desarrollo constante de habilidades como:

Solo las personas con el espíritu de la innovación podrán ser realmente productivas, crecer y desatarse en un mundo donde la competitividad es cada vez más fuerte y desesperada. Una de las marcas más claras de un líder que deja huella a nivel universal e histórico es la innovación.

«Ni echa nadie vino nuevo en odres viejos. De hacerlo así, el vino hará reventar los odres y se arruinarán tanto el vino como los odres. Más bien, el vino nuevo se echa en odres nuevos» (Marcos 2.22), dijo Jesús en una de las tantas menciones que hizo acerca de la importancia de lo nuevo. Su mensaje fue siempre enfocado en la innovación. Habló de nacer de nuevo (Juan 3.3); de un cielo nuevo, de una tierra nueva (Apocalipsis 21.1) y termina la Biblia con una estimulante reflexión de pura innovación esencial: «¡Yo hago nuevas todas las cosas!» (Apocalipsis 21.5).

Por eso es válido revisar de manera permanente nuestra capacidad para reinventarnos y para llegar a ese «nacer de nuevo» del espíritu, para poder ser personas con una verdadera transformación del alma, del espíritu y de todas las perspectivas de la vida, incluso de las más prácticas y sencillas. Porque cuando existe renovación interior real, la consecuencia evidente es la capacidad para innovar de manera integral en todo lo que se produce, se piensa, se siente y se hace.

Si no hay innovación como competencia personal, no existe la comunicación de alto impacto.

Innovación, mucho más que invención

Aunque la capacidad para inventar es muy importante dentro de la competencia personal de la innovación, no lo es todo. La componen varios factores que la convierten en una virtud del ser integral.

Entre esos factores clave se encuentran:

Innovación como cultura de cambio

Tanto a nivel empresarial, como universitario y gubernamental, he podido vislumbrar en los últimos diez años el creciente interés en crear una cultura de innovación que permita el crecimiento y progreso de las organizaciones.

La innovación se concibe como la nueva manera de «hacer» las cosas. Es el canal para lograr el cambio de toda una cultura, un nuevo sistema de negocios. Para ello ha sido necesario salir de los viejos esquemas para entrar en nuevas formas de pensar y de reinventar los procesos. En el campo del servicio, por ejemplo, todo conduce a entender que el cliente es el centro del negocio, no el producto. Se convierte en la fuente de inspiración para alcanzar nuevas formas de crecimiento, desarrollo y sostenibilidad.

Lo mismo debe suceder entonces en el campo de lo personal. Si queremos conseguir un cambio real en las relaciones de familia, de pareja, con los amigos y otras, necesitamos pensar en aquellas cosas que será necesario erradicar de nuestra propia cultura de comunicación. Pensar, por ejemplo, que Dios debe ser el centro de todo, luego el otro, el prójimo, y después nosotros. Ese reordenamiento de las prioridades y los enfoques podría ser el perfecto y gran inicio de un proceso de cambio en nuestro «branding» o marca personal.

La innovación se vuelve así parte de nuestra estrategia de vida. De la misma manera que ahora es parte de los procesos de pensamiento estratégico de las grandes, medianas y pequeñas compañías que buscan crecer para alcanzar mayores índices de rentabilidad. Debe ser parte de la gestión individual y colectiva.

Siempre con la disposición a entender la importancia de dar al otro en primer lugar, como la clave del éxito.

Su propósito personal se enfocará en intentar entender, conocer y discernir los intereses del otro —sea un cliente externo de la empresa o su propia esposa—. Buscará el enaltecimiento de sus virtudes y la satisfacción de sus necesidades. De esa manera se liberará un poco del exceso de competitividad agresiva, para dedicarse a agregar nuevo valor a las personas de su zona de influencia. Todo ello, por supuesto, implica un cambio de cultura. Tanto en las entidades, como en las personas.

Esa búsqueda del cambio implica una forma de pensar mucho más amplia y flexible para percibir los negocios y las relaciones. Debe basarse en el concepto de la calidad total y la excelencia. Solo a partir de ello se logrará una verdadera innovación esencial.

El pensamiento innovador se relaciona con la calidad total porque ambos conceptos buscan el mejoramiento continuo, conducen a cambios culturales, apuntan a la excelencia y se enfocan en aquellas oportunidades que les permiten dar el lugar central al otro, el prójimo.

Debido a esa búsqueda constante de cambios y mejoras, en el mundo empresarial actual existen muchas herramientas efectivas para la buena gestión de la innovación. Una de ellas, si no la más, es la capacitación de las personas en cuanto a sus habilidades de comunicación, que les permite alinear sus talentos y capacidades con la visión, la misión, los valores y la estrategia de la entidad.

A partir del desarrollo de una nueva cultura de comunicación inteligente que permita cambios reales y el empoderamiento suficiente para entrar en la innovación, las empresas, personas, familias, gobiernos y otras entidades pueden lograr el rompimiento de esos viejos paradigmas y patrones que les impiden crecer y llegar al nivel de transformación anhelado.

Se requieren los mismos principios y herramientas para entrar en el mundo del mejoramiento continuo que en el de la innovación, ya que se complementa el presente de la calidad con el futuro de la innovación. Siempre con la mirada puesta en dar lo mejor de sí para servir al otro, al prójimo. Esa es, a fin de cuentas, la clave del verdadero progreso.

Innovación en la comunicación

Si hablamos de la innovación como un factor determinante del éxito en todos los campos, debemos enfatizar el de la comunicación. Me impresiona ver en algunas organizaciones la falta de componentes innovadores en los procesos comunicacionales. Prefieren aplicarlos a todo lo técnico, al diseño de interiores del edificio, a la decoración, a los uniformes de los empleados, a la publicidad de la marca, a todo, menos a la comunicación hablada y escrita de sus líderes, lo cual es un desacierto.

Una de las primeras áreas en las que deberíamos aplicar la innovación es la de las comunicaciones internas y externas de una empresa, familia, gobierno o ministerio. Aun así, algunos continúan con discursos y documentos con formatos arcaicos.

En el ámbito de la comunicación escrita, los grandes escritores, como el Premio Nobel Gabriel García Márquez, han entendido con absoluta claridad la importancia de ser innovadores como autores. Una de las claves caseras que aprendí de él fue: «No repito, ni de vainas». Se refería —con su típico tono costeño— a no repetir una palabra en el mismo párrafo o página, bajo ninguna circunstancia ni contexto.

García Márquez fue reconocido como el escritor hispano más influyente de la literatura hispana contemporánea, no solo por su fabuloso «realismo mágico», sino porque siempre estaba determinado a ser un innovador del lenguaje. Mi papá, Gonzalo González, su primo y una de sus más cercanas influencias, me contaba que «Gabo» decía siempre: «Peleo a trompadas con cada palabra».[1] Se necesitaba ese concepto de la innovación del lenguaje para lograr la exquisita depuración de cada una de sus obras.

Como autora de libros, vivo cada día esa batalla con cada frase. También cuando fui periodista en Colombia, aunque en esa época con un detalle muy particular: mi papá era mi primer y más estricto corrector en casa. Por eso la lucha encarnizada con las palabras fue no solo porque quería crecer como escritora, sino porque quería agradarlo a él. Hasta que un día, diez años después, cuando escribí un reportaje en la revista Diners sobre el expresidente Carlos Lleras Restrepo, mi papá me dijo: «¡Ya tienes estilo propio!». Entonces comprendí que la innovación, el ingenio y la imaginación son los precursores del estilo propio.

La innovación proviene de la imaginación

Todos mis lectores y el público de mis conferencias reconoce a mi hijo Daniel como el «Caballero de fina estampa», por la canción que le cantaba desde antes que naciera, pero sobre todo por su canción de respuesta, que me envió de regalo de cumpleaños desde Argentina hasta Bogotá, el día de mi onomástico, el 27 de abril del 2006, cuando aún era estudiante de producción musical. Fue una bellísima composición.[2]

El «Caballero de fina estampa» creció y hoy Daniel es productor de grandes e importantes musicales tipo «Broadway» que se han presentado en Colombia con gran éxito y difusión en los principales medios de comunicación y centros de convenciones de la ciudad.

El más reciente fue *La vuelta al mundo en 80 días*, de Julio Verne. El primero fue *Dorothy y el anillo de la imaginación*. Me disculpa de nuevo, mi querido lector, por mi engreimiento materno. Sin embargo, más allá de lo feliz, emocionada y honrada que me siento por tener un hijo que es genio de la composición, la producción y la dirección musical, que tiene una agudeza destacada y es integral, me alegra demasiado ver su capacidad imaginativa en cada una de sus piezas musicales.

La búsqueda de la imaginación y la capacidad de llevarla a otros como parte de la felicidad es un ejercicio obligado de todos los que queremos ir más allá de los patrones de creatividad establecidos, para entrar en el plano de la innovación y salirnos de los modelos, esquemas y rutinas instituidos.

Mientras terminaba de dar la última revisión a este libro que usted tiene en sus manos, me encontraba en la ciudad de Orlando, Florida. Fuimos un día entero con mis hijos Daniel y Ángela María al maravilloso mundo de Walt Disney. Disfruté cada espectáculo impecable, lleno de fantasía e imaginación, pensando en todo lo que hemos conversado a través de estas páginas acerca de la innovación.

Durante la cena, Daniel me hablaba acerca de la maravilla que produjo un genio como el señor Walt Disney, solo con el trazo del dibujo de un pequeño y divertido ratoncito llamado Mickey Mouse, que hoy es el personaje animado más famoso y querido del planeta. Sentir, vivir y disfrutar la experiencia de la fantasía de Disney es algo difícil de describir. Es impresionante la forma en que año tras año trae al mundo del entretenimiento y el espectáculo nuevos personajes que conquistan el corazón de los niños y los adultos de una manera impresionante.

Vimos el show de *Frozen*, con las princesas, la música prodigiosa y el escenario repleto de fantasía y de sueños. Es una historia que, al final, puso a derramar lágrimas a mis dos hijos, como si fueran niños. Ese es el efecto Disney. Y si me pide resumir hoy su éxito mundial, mientras veo caras de India, Japón, Corea, Argentina, Brasil, Venezuela, Puerto Rico, Colombia, Nicaragua, todo Estados Unidos y Europa que pasean y me sonríen mientras caminan como niños por las calles de Disney, puedo decirlo sin dudarlo ni un minuto, en tres palabras: innovación, innovación, innovación.

El mundo de la imaginación es así, ilimitado y fantástico. Walt Disney lo entendió bien cuando dibujó esa primera «raya». Aunque, como me decía mi hijo Daniel, «seguro que ese genio nunca imaginó que llegaría a generar tanta influencia por generaciones a multitudes del mundo entero». Inspirada por esta visita a «Magic Kindom», leí todo acerca de Disney como personaje, y encontré esta observación de un periodista en cuanto a su vida y carrera: «Este secreto especial [de convertir en realidad los sueños], me parece, se puede resumir en cuatro C: curiosidad, confianza, coraje y constancia, y la más grande de estos es la confianza».[3] Eso dijo el genio de la imaginación y la innovación.

Debe haber muchos Disney por ahí, listos con el lápiz para trazar la línea de su vida. Lástima que algunos prefieran quedarse en su zona de confort, antes que despegar, desaprender, romper paradigmas, cambiar los esquemas o reinventar los formatos. ¿La razón?: el ingenio y la creatividad no bastan. Se requiere acompañarlos con una fuerte dosis de valentía para incursionar en el amplio universo de la innovación.

Es tiempo de ampliar el espectro para entrar de lleno, y sin más preámbulo, en el tercer indicador para una comunicación de alto impacto: el coraje.

Caso de éxito en cuanto a la innovación

Wayra Colombia; una iniciativa de Telefónica, Johanna Harker

Uno de los procesos más interesantes que he desarrollado como mentora de comunicación en Latinoamérica es el de la empresa Wayra, una iniciativa de Telefónica, en Colombia. Puesto que la posibilidad de entrenar a un grupo de jóvenes emprendedores para que presenten sus proyectos ante grandes inversionistas y lograr interesarlos en su propuesta, me produce una alta sensación de proyección.

Wayra es una entidad global que apoya a jóvenes emprendedores para que logren sus proyectos de manera más fácil. Es la aceleradora global de «startups» de Telefónica que promueve la innovación e impulsa el mejor talento digital.

Desde que inicié los talleres de entrenamiento en comunicación para los emprendedores de Wayra, comprendí con mayor profundidad e intensidad lo que significa el valor de la innovación a nivel de las nuevas generaciones de emprendedores.

Al tiempo que los acompaño para alcanzar otro nivel en sus habilidades y competencias comunicacionales, entro en su mundo de innovadores de manera empática y entiendo cada vez más que ser innovador requiere no solo inventar y proponer nuevas ideas y proyectos, sino que es asumir una actitud distinta ante la vida. Una forma de ser y de pensar que se sale de lo común y funciona desde el lado del ingenio, la creatividad, las nuevas tecnologías, con inteligencia extraordinaria.

Wayra es una de las propuestas internacionales de apoyo a la innovación y el emprendimiento más auténticas y efectivas que conozco. Gracias a sus directivos en Colombia, Carlos Alberto Castañeda y Johanna Harker, he sido invitada a empoderar a varias promociones de jóvenes empresarios, para llevarlos a otro nivel en su comunicación. Hoy puedo decir que los emprendedores Wayra son brillantes y muy destacados en sus propuestas. Requieren, como todos los profesionales de todas las áreas y disciplinas, ser empoderados en la comunicación, pero comprueban que la selección elaborada por Telefónica para ser parte de esta excelente oportunidad es realizada con mucho acierto.

Los emprendedores de Wayra son innovadores en esencia, no solo en los proyectos que presentan. Con su talento y capacidad demuestran que mi tesis es válida: la innovación es mucho más que tecnología, es una manera de ser, de pensar y de ver la vida, más allá de lo cotidiano. Una forma de potencializar la ciencia y la tecnología, a partir de una actitud emprendedora que los hace ver brillantes y extraordinarios. Ellos viven la innovación como un estilo de vida.

Desde el año 2011 han apoyado treinta y seis proyectos de emprendedores en cuatro ciclos de aceleración. Han otorgado más de 1,8 millones de dólares en capital semilla, red de mentores e inversionistas, cursos de formación de manos de expertos, espacio de *coworking* para desarrollar sus proyectos, contactos comerciales con Telefónica y grandes clientes, para generar contactos con inversionistas.

Felicitaciones a Wayra, en Colombia y en el mundo. Una excelente iniciativa de Telefónica que promueve, premia y permite a los emprendedores cumplir la tarea de la innovación con excelencia.

LA MEJOR «PIC» TRANSMITE CORAJE

Afronta tu camino con coraje, no tengas miedo de las críticas de los demás. Y, sobre todo, no te dejes paralizar por tus propias críticas.

Paulo Coelho[1]

6 | CRÓNICA DEL CORAJE

Simón Robinson: Imágenes de una «pic» empoderada

LOS AMIGOS DE SIMÓN Robinson llegarían pronto a la terraza del tradicional café Exquise de Brickell, en Miami, para la convenida tertulia de los jueves a las cinco y media de la tarde. Esta vez, él decidió llegar un par de horas antes, porque necesitaba preparar la conferencia sobre emprendimiento para la ceremonia de graduación de sus estudiantes de ingeniería industrial en la Florida International University.

Se reunían allí cada semana desde el 2012, cuando decidieron conformar un grupo de apoyo para compartir las experiencias de cada una de sus empresas y enriquecerse con sus casos de éxito, a la vez que aprendían también de sus dificultades y conflictos. Y claro, para disfrutar y protegerse así un poco, a través de la amistad, la camaradería, la lealtad y la franqueza de la presión agobiante, abrumadora y cargante del día a día de un vicepresidente ejecutivo, con un liderazgo de suma responsabilidad.

Ya había transcurrido una hora. Simón se tomó un expreso, un capuchino doble, una botella de agua con gas y sumo de limón, pero aún no sabía cómo armar y estructurar su discurso, aunque le daba vueltas a las palabras y parecía que peleaba con ellas como un gladiador en franca batalla. Sus ideas unas veces se entrecruzaban y otras se paralizaban, con ese efecto nefasto que produce el pánico escénico en la capacidad de comunicarse. Lo cierto era que no le gustaba enfrentar auditorios de más de diez personas. Estaba acostumbrado a las reuniones en salas de juntas directivas, en las que se sentía a gusto y se destacaba mucho. Pero el escenario de más de tres mil participantes en un gran auditorio, aunque lo había manejado algunas veces por obligación, en realidad le producía un miedo paralizante.

Lo estresaba pensar que estaban invitados los principales medios de comunicación de Estados Unidos y Latinoamérica, que seguro mostrarían a millones de personas partes de su exposición. Además de la difusión viral que tendría por todas las redes sociales, a través de las cámaras de sus estudiantes y del área de comunicaciones de la misma universidad que se encargaría muy bien de divulgarlo y volverlo «vox pópuli».[1]

Parecía como si su doctorado en la Escuela de Negocios de la prestigiosa Universidad de Harvard, sus laureles y sobrados conocimientos acerca de cómo empoderar nuevos emprendedores, no le sirvieran para nada. No sabía por dónde empezar y, mucho menos, cómo terminar su «speech» o discurso. Se encontraba ante un verdadero cuadro de cobardía, que no le gustaba para nada y no podía reconocer, ni siquiera ante sus confiables amigos de la reunión de los jueves que estaban por llegar al agradable café en su «Happy Hour» u «hora feliz».

Sería un desastre reconocer su cobardía. Esa era justo una de las debilidades que más había censurado. La parecía una enemiga letal de las nuevas generaciones de emprendedores para las cuales él era uno de sus mejores modelos de tenacidad. Incluso hacía poco había ganado un premio como figura del año por sus acciones emprendedoras. Lo tenía muy claro: cobardía y emprendimiento no eran dos conceptos que pudieran ir de la mano. Pero la única verdad válida a la vista era su evidente miedo.

Pidió un café más y se conectó con los audífonos a la música de su computador, para ver si así lograba calmarse un poco y desarrollar una presentación más asertiva. Hasta que, después de media hora de escuchar a Vivaldi, se dio cuenta de que no contaba sino con más y más desatinos e ideas confusas sin destino.

Tomó entonces la fugaz decisión de llamar a su amiga chilena Susana Cavellier, experta en finanzas internacionales, con mucho conocimiento acerca de cómo realizar una presentación con excelentes resultados y... ¡sin pánico!

—Hola Susana —le dijo Simón—. Estoy aquí en el Café Deluxe, quería saludarte y preguntarte si me podrías ayudar un poco con una presentación sobre emprendimiento para jóvenes, en la que me encuentro absolutamente bloqueado. Ya no sé qué hacer.

—Claro que sí —contestó Susana muy atenta y entusiasta—. Espérame, voy en unos cuarenta y cinco minutos.

—No, la verdad es que estoy esperando a mis amigos de la tertulia de los jueves. Por eso no podría ser aquí. Pero si te parece bien, los llamo a ellos para excusarme de faltar hoy, y más bien nos encontramos en el nuevo café italiano. ¿Está bien?

—Listo. En una hora nos encontramos allí —contestó Susana—. Será un placer ayudarte. Vas a ver que es más simple de lo que crees. Con todo el potencial que tienes, tu conocimiento y tu experiencia, seguro que muy pronto conseguirás una excelente presentación.

Muy presto y decidido, Simón llamó a sus amigos y les pidió que lo disculparan por esta ocasión, pero que no podría asistir a la «Hora Feliz», porque debía prepararse para una difícil presentación. Por supuesto, todos entendieron y lo animaron a seguir adelante con el asunto.

Una hora después estaba sentado muy ansioso en el nuevo café italiano, esperando a su amiga Susana. Ella lo llamó para avisarle que llegaría unos quince minutos más tarde, por causa del tráfico de la hora pico.

—Está bien —le dijo Simón—, aquí te espero.

Mientras la esperaba, con una nueva botella de agua, Simón quiso mirar algunos videos de grandes oradores famosos, para ponerse un poco a tono con el momento. Después de escuchar a gurúes del liderazgo como John Maxwell, Zig Ziglar y otros, miró hacia las luces del café y con una gran determinación pensó: *Es imposible que no sea capaz de sacar adelante esta presentación. ¡No lo puedo creer! Soy todo un profesional y parezco un niño con este nivel de ansiedad y angustia que me produce el hecho de tener que enfrentar un simple escenario.*

En ese momento, Susana llegó al café y se saludaron con un efusivo y caluroso abrazo.

—¡Oye, amigo mío!, qué gusto verte. Me da mucha alegría. Bueno, por lo menos el momento de crisis comunicacional sirvió para que me llamaras. Sonrió y se sentó ya dispuesta a revisar los puntos del «speech» para ayudarlo en lo que le fuera posible. Claro, no podía evitar cierta sonrisa de satisfacción un tanto irónica, por el aire fresco que producía el hecho de saber que su amigo, el más brillante, estudioso, destacado y además un poco prepotente, tuviera que llamarla con voz de niño asustado por la cobardía que le producía una presentación en público.

Mientras sonreía y golpeteaba juguetona la mesa con las yemas de los dedos, le preguntó:

—Bueno, a ver, miremos en qué estado se encuentra la única causante de tu desvelo y de que ¡por fin! te pueda ver un tanto aterrizado en la tierra de los humanos normales que padecen de miedo por algo y se sienten en desventaja por sus temores.

Simón, un tanto avergonzado y a la vez con un disgusto que no podía ocultar ante la perspectiva de que tuvieran que ayudarle —y sobre todo una mujer—, le respondió:

—No te aproveches de mi debilidad. Sabes que desde que estudiábamos en la universidad soy «alérgico» a las presentaciones en público. En cambio tú siempre eras genial. Persuadías con total asertividad a cualquier auditorio, por más difícil o multitudinario que fuera. Por eso te llamé.

»Solo te pido que no le cuentes a los amigos del grupo de los jueves, ni a los compañeros egresados de la universidad, y mucho menos a los de la empresa. Eso de trabajar en la misma compañía como ingenieros realmente me coloca un poco en desventaja en este momento».

—¡Para nada! —le respondió Susana—. Sabes que soy tu «fan» número uno. Y aunque no lo podría negar, estoy disfrutando mucho verte en esa posición vulnerable y hasta me puedo mofar un poco de ti frente a frente. Pero la verdad es que te admiro, te aprecio y sería incapaz de bajarte del «rating» del soltero más inteligente y guapo de la compañía.

Con una actitud de amiga compinche y con resuelta complicidad, Susana le tocó el hombro a Simón y avanzó resuelta:

—Despreocúpate, veamos la presentación para ayudarte y aprovechar este tiempo al máximo.

El rostro de Simón se iluminó y descansó al saber que Susana lo apoyaría en ese difícil trance que le había producido una migraña por la alta tensión y hasta un recrudecimiento de la gastritis que hacía años había superado.

Después de revisar un poco el contenido, con un repaso rápido y ágil, Susana le dio el primer diagnóstico a Simón.

—Lo primero que vamos a hacer —le dijo Susana, con ánimo y entusiasmo— es bajar el lenguaje de la presentación a un nivel menos denso, más amigable, cálido y cercano para el auditorio. No entiendo por qué los genios creen que todas las personas son igual de técnicos, «extraterrestres», como ustedes. ¡No! Esto hay que traducirlo al lenguaje más sencillo posible.

»Según lo que aprendí en el diplomado de presentaciones de alto impacto que tomé con la experta Linda Seniors, una extraordinaria consultora experta en comunicación que vino hace un par de años al país invitada por el Banco Mundial a un congreso de liderazgo en Los Ángeles, las presentaciones deben estar alineadas con la tendencia mundial del diseño, la moda, el lenguaje virtual: el "minimalismo". Es decir, en presentaciones del tipo "menos es más". Mientras más sencillo seas, más vas a lograr».

—¿Es en serio? —respondió Simón mientras se agarraba la cabeza con las dos manos muy preocupado—. Pero eso contradice todo lo que hemos realizado por años y lo que nos enseñaron alguna vez en el curso de comunicación efectiva.

—Así es —dijo Susana—, todo lo que aprendiste sobre hablar en público, debes empezar a desaprenderlo porque, según Linda Seniors, la comunicación de hoy es otra cosa. Las presentaciones deben ser sencillas, limpias y cercanas. No superelaboradas, atiborradas y acartonadas.

—Es más —le dijo Susana con mucha contundencia— la fórmula de las presentaciones efectivas es: 30-10-5. ¿Sabes qué es eso?

—No. Ni idea —dijo Simón.

—Pues simple: letra tamaño 30, en 10 diapositivas, para decir 5 cosas.

—¡Ahh!, me gusta mucho. Eso sí que se conecta con mi sentido de la concreción.

—Exacto —contestó Susana—. El problema es que nos hemos metido en la fórmula del 10, 1000, 100. Es decir, letra tamaño 10 para decir 1000 cosas que queremos embutir, en 100 diapositivas. Todo porque nos sentimos inseguros y queremos convencer con discursos rellenos, pesados y alargados, que al final confunden y cansan al auditorio.

»Y lo peor —continuó Susana, un tanto airada— queremos decir mil cosas, con un afán —ansioso y compulsivo— porque nos crean y nos aplaudan por haber "hecho bien la tarea"».

—Así es… Tienes toda la razón —respondió Simón aterrado por las afirmaciones de Susana, que lo tenían impactado y fascinado.

—Bueno —le dijo Susana—. Pues si estás de acuerdo con mi postura y estilo frente a las presentaciones, no se diga más y manos a la obra. ¡Hay mucho por hacer y vamos a hacerlo bien!

—Adelante —replicó Simón—. Estoy listo para el plan de trabajo. Me encanta tu perspectiva minimalista de la comunicación… ¿sabes qué?

—No —respondió Susana.

—Si esa mujer extraordinaria llamada Linda… ¿qué?

—Linda Seniors, autora de *best sellers* en comunicación, número uno en Estados Unidos, Latinoamérica y Europa, con más de diez libros sobre el tema.

—Bueno, ella —contestó Simón—. Si la señora Seniors estuviera aquí, no solo le agradecería y la aplaudiría a rabiar, sino que le daría un beso por sacarnos del paradigma de una comunicación aburrida, estresada, «ladrilluda» y plana, que no nos permite avanzar ni conduce a ningún lado, más allá de la pesadez de nuestra incapacidad de transmitir ideas en forma clara, precisa, exacta, concisa y puntual.

—Exacto —respondió Susana, feliz porque su brillante y académico amigo, por fin había entendido por dónde era el asunto de las presentaciones de alto impacto.

—Listo —dijo Simón—. Estoy dispuesto, me conecto ya mismo con esa nueva dimensión. Vamos a apostarle al cambio. Quiero pasar del nivel básico de la información, que solo rellena, aburre y se cae, al nivel «pro» de la comunicación que deja huella y genera impacto. Eso quiero.

—Vamos —contestó Susana feliz—. Si tú estás dispuesto, ya mismo te incluyo en mi lista de amigos entrenados y trasformados en su comunicación inteligente.

»Ese es el concepto que la doctora Seniors enseña. Y así avanzaremos en el empoderamiento de tus habilidades comunicacionales.

»¿Sabes qué? —continuó Susana, cada vez más resuelta—. Si tú quieres, podemos ensayar la presentación. Te grabamos con mi cámara, hasta que lleguemos al maravilloso ejercicio del "antes y después" que nos enseñó la doctora Seniors. ¿Te parece?».

—Claro que sí —respondió Simón—. Estoy más que preparado y muy entusiasmado para iniciar el cambio. Sin duda, creo que la comunicación atraviesa de manera transversal todas las demás competencias de un buen líder.

Aunque no estaba muy emocionado con la idea de hacer el ridículo frente a su amiga que seguro se burlaría de él, prefería enfrentar la vergüenza ahora con ella que ante un auditorio exigente e intimidante como el que le tocaría en su presentación.

Ensayaron una y otra vez, con la idea de pulir cada vez más el «speech» hasta que saliera perfecto.

Contenta por los avances y el progreso de su amigo, Susana le dijo:

—Vamos a filmarte para que tú mismo te veas y puedas comprobar tus fortalezas, pero también tus debilidades o, mejor dicho, tus oportunidades de mejora.

Simón no estaba muy convencido de sus avances. Cada vez se sentía más asustado y acobardado por la cercanía del evento. Por eso persistía en los ensayos con mucho juicio, y se concentraba en cada una de las frases de su parlamento, para que nada se le escapara y todo saliera perfecto.

En ese momento entró una llamada de su amigo John Walters, también compañero desde la universidad y actual colega en la compañía. Con tono asustadizo y aterrado le dijo:

—¡Hola mi querido Simón, ¿cómo vas? Debo contarte algo de lo cual me acabo de enterar. Imagínate que me pasaron el dato de que el doctor Sigmund Raynolds está invitado a tu presentación. Al vicepresidente de recursos humanos le pareció muy «oportuno» invitarlo. Piensa que «sería genial involucrarlo en el nuevo proceso de reingeniería del cambio en gestión humana» y por eso le pidió que viniera a escucharte... ¡imagínate!

Simón quedó paralizado con la noticia. No podía creer lo que estaba escuchando. Por un momento pensó que se trataba de una broma pesada de su amigo. Pero por el tono de su voz, se dio cuenta de que el asunto era en serio. Guardó un largo silencio. No sabía qué decir.

El tal doctor Raynolds había sido uno de sus profesores en la universidad. Famoso por ser una «cuchilla». Durante el tiempo de estudio con él, siempre lo llevó al límite de su potencial y de su paciencia como estudiante. Enfrentó varios problemas con él, por su persistente forma de confrontarlo con las notas y de buscarle la caída en cada una de sus exposiciones y trabajos durante la carrera.

Raynolds era, según él, la persona que más lo había hecho sufrir en la vida. Le produjo muchas noches de desvelos. Todo el mundo en la facultad sabía que era su enemigo acérrimo. Cada día los compañeros del grupo esperaban un nuevo enfrentamiento entre ellos. Y al final de la carrera, en el último semestre, por poco lo pierde debido a una de sus notas. Finalmente se la recalcularon y pudo pasar la materia, pero casi raspando.

—¡No lo puedo creer! —respondió sorprendido y furioso Simón—. Eso no es posible. Sería el acabose. La sola presencia de él podría bloquearme por completo. No solo porque es un intimidante y fastidioso ser, sino porque me cae demasiado mal y no creo poder soportar verlo frente a frente en medio de mi exposición. ¡No es justo! ¡Esto no puede estar pasando! ¿Por qué a mí?

De pronto reaccionó y se dio cuenta de que debía controlar un poco su enojo frente a Susana. Así que se despidió de su amigo de la manera más cuerda posible.

—Gracias por avisarme John —le dijo Simón—, de todas maneras es importante saberlo, para que no me vaya a tomar por sorpresa. Estaré preparado y buscaré la forma de tranquilizarme con este asunto. No te preocupes.

Colgó la llamada y miró a Susana con cara de terror e indignación. Quería pegar tres gritos y explotar, pero prefirió contenerse. Además, no era necesario, porque con la expresión del rostro lo decía todo.

—¿Qué pasó? —dijo Susana. Era la pregunta obvia después de la escena que acababa de presenciar entre Simón y su amigo, que lo llamó por el celular.

—No te lo puedes imaginar —contestó Simón—. ¡Esto es terrible! Lo peor que me puede pasar: el profesor que me hizo la vida imposible en la universidad, la persona que más daño me ha causado, el ser que más mal me cae en el planeta, asistirá a mi presentación por parte de la empresa, como invitado de honor. Ahora sí que voy a estar completamente bloqueado, pero ya no solo del pánico escénico natural, sino por la ira que me va a dar verlo al frente de mí. Ya me imagino la cara que va a poner mientras hablo. Se pondrá en plan de juez implacable. Seguro que a todo le encontrará una objeción. Aunque no lo diga, con su actitud me lo hará saber, porque tiene la fórmula mágica para hacerte sentir ridículo, insignificante y bruto, aun sin hablar. No te imaginas el personaje que es.

Susana estaba tan sorprendida y aterrada como Simón por la noticia. Pero no quería perturbarlo ni agregar más angustia al momento, por eso prefirió asumir una postura positiva y optimista, que lo relajara un poco y le diera ánimo para seguir adelante con su preparación.

—Bueno, te entiendo —le dijo Susana con voz de ánimo y total optimismo—. Pero no vamos a permitir que ese personaje pueda dañar tu presentación. Tú la tienes clara. Eres un genio del tema. Puedes sacarla adelante. Además, es la oportunidad para demostrarle de qué estás hecho. Lo vas a mirar a los ojos sin rencor ni desprecio. Vas a asumir una postura muy profesional, sin mostrar emociones negativas ni asuntos personales del pasado. ¡Este es tu momento y nada ni nadie lo va a dañar!

De repente lo miró y le lanzó una pregunta que le penetró como una daga en el estómago:

—A mí me han enseñado en cuanto a la resolución de conflictos que la única manera de solucionar una situación conflictiva como esta es «decantando» las emociones, y tomando la resolución de perdonar y sanar antes de avanzar. ¿Estarías dispuesto a perdonar a ese personaje que tanto daño te hizo y te produce esa rabia no resuelta que te hace tanto daño? Porque déjame decirte algo, si no logras sanarlo, el que pierde eres tú, no él. Tú serás el primer perjudicado por tus propios rencores. Incluso, si vamos un poco más allá, te puedo asegurar que situaciones no definidas como esa que viviste con ese profesor, pueden llegar a ser la causa directa, la raíz más profunda, de las inseguridades y los bloqueos comunicacionales.

Pálido por la ira y la confusión, Simón miró a Susana con cara de aterrado. Al principio le sonaron cursis, ridículas y hasta pedantes las palabras de su amiga. Pero poco a poco fue entrando en razón, como si volviera en sí después de un largo trance de enajenación, por la rabia y el rencor que sentía hacia el antiguo profesor universitario que le producía náuseas hasta cuando lo nombraban.

—Bueno —respondió Simón con cara de niño regañado y con una mirada un poco golpeada, pero con el brillo de la humildad—, creo que han pasado muchos años, ya soy una persona madura. No puedo darme el lujo de lidiar con esta ira y este resentimiento. Terminarán por hacerme un daño fatal, que a nadie le importa. Y si me preguntas hoy si estaría dispuesto a perdonar al personaje, creo que podría decirte que sí. Aunque, la verdad te confieso, no sabría ni cómo hacerlo. Eso del perdón y la reconciliación no es un asunto que sea fácil de digerir.

—No es fácil —respondió Susana—. Pero sí muy saludable. Produce una sanidad en tu interior, como un refrescante y renovado oxígeno que te permite sentirte liviano, libre, sin bloqueos ni costras en el corazón. Cosas que pueden llegar a ser incluso causantes de males sicosomáticos fuertes. Hasta pueden desencadenar enfermedades malignas irreversibles y mortales. No será tu caso, porque no es necesario que llegues a esos extremos, pero podemos por lo menos impedir que ese malestar te mantenga lleno de resentimientos y complejos. Es tiempo de actuar y salir de la encrucijada.

—Sí, tienes razón amiga —respondió Simón—, por lo menos voy a intentarlo. Y si te parece, sigamos adelante con la presentación, porque se está acabando el tiempo y aún no tengo el «speech» terminado. Necesito enfocarme en eso y dejarlo listo esta misma noche.

—¡Manos a la obra! —dijo Susana—. ¡Vamos con todo! Lo primero que vamos a hacer es ordenar las ideas, tal como lo aprendí con la doctora Seniors. Dime cuáles son los conceptos centrales de todo ese material que tienes acumulado y olvídate de todo lo demás. Vamos a lograr el enfoque necesario para que la presentación salga bien. Si no te enfocas, no conseguirás ser asertivo. Dime el 1, 2 y 3 de lo que quieres decir, y de allí sacamos la estructura.

Después de cuatro horas seguidas de trabajo dedicado y juicioso, Susana y Simón lograron una presentación muy compacta, que seguro sería muy admirada por todos. Pero sobre todo por el propio Simón, que se sentía impactado por la labor de Susana. Después de un buen trabajo de edición logró que todo ese cúmulo de información se convirtiera en un mensaje puntual, directo, atractivo, sugestivo y persuasivo, tal como lo aprendió con la doctora Seniors.

Luego, de una manera magistral, consiguió darle un giro muy interesante de 180 grados, para que todo lo que tenía como conclusión se convirtiera en el punto de partida. Según la teoría de la doctora Seniors, una presentación de alto impacto debe partir de lo principal a lo secundario. No debe ir con el mismo sistema retórico y arcaico empleado por años para las presentaciones. Porque siempre se habla en forma de espiral, mientras se le da vueltas y vueltas al mismo tema de manera plana y monotemática. Con este sistema, el presentador consigue ir directo a la necesidad del público, sin rodeos. De esa manera, la presentación es más contundente y los resultados mucho más efectivos.

—Me sorprende y me encanta la forma como lograste precisar y enfocar el tema —dijo Simón—, de verdad que ahora me siento mucho más seguro, claro, directo, sin rodeos, lo cual va a permitirme un mayor nivel de fluidez. Con este esquema de presentación hasta creo que podré controlar el pánico, porque voy a fluir con mis propias palabras y no estaré ahogado en un montón de información, sino que me concentraré en los puntos principales y desde allí podré persuadir mucho más al auditorio.

—Por supuesto —le contestó Susana—. Esa es la idea. Que te luzcas con una presentación sencilla pero muy profunda, que muestre conceptos claros y definidos, sin enredos, ni rellenos, ni diapositivas recargadas ni pesadas. Porque con ellas solo consigues sentirte confundido y perdido, a la vez que distraes a tu público.

—Listo —dijo Simón—. Creo que ahora sí me siento preparado para enfrentar a ese auditorio y «comérmelo» con mucha propiedad. Ahora necesito ensayarlo varias veces contigo y que me ayudes a mirar ya no el fondo del discurso, es decir, el «qué digo», sino la forma, el «cómo lo digo». Pero como no quiero abusar de tu tiempo ahora, ni cansarte, porque ya está tarde, te propongo que nos reunamos en mi apartamento mañana para darle una repasada a todo el tema y practicar la presentación ante el público.

—Me parece perfecto —dijo Susana—. Llego temprano a tu casa y lo ensayamos. Incluso puedo filmarte con la cámara de mi IPad para que puedas ver la evolución de tu expresión. Solo cuando uno se mira puede en verdad comprender cuáles son sus fortalezas y oportunidades de mejora, la expresión oral y corporal lo dice. Seguro que podrás ver tus fallas y también las cosas que haces bien, para que las pulamos y logremos el producto final deseado.

Sueño de reconciliación

Esa noche, Simón llegó a su casa a cenar y se tomó dos copas de vino. Se sentía un poco alterado con todo el estrés del día y con la aparición del personaje que ahora convertía la presentación no solo en un motivo de estrés, sino de malestar interior, algo que no podía resolver en su cabeza.

Se acostó para descansar porque se sentía agotado. Pero no lograba conciliar el sueño. Ni el sueño, ni nada. Mucho menos reconciliarse con la idea de cambiar su actitud hacia ese señor que tanto mal le había hecho y que no podía quitar de su mente, como si fuera un verdadero verdugo.

Después de muchas vueltas, por fin se quedó profundamente dormido. Pero el malestar era tal, que aun en el sueño se apareció el personaje, como una pesadilla. La escena era el antiguo salón de clases B3 de la universidad. Alrededor se encontraban sus compañeros de siempre. El amigo divertido, Juan Sebastián Ricardi, que tanto lo hacía reír. El «viejo» Poncho Ramírez, que siempre se sabía todas las materias y sacaba las mejores notas. La bellísima Carla Menoti, amiga de su prima Raquel, que tenía la sonrisa más bella e inolvidable de la clase, la que siempre fue su amor platónico. El grupo de los desprejuiciados, que imponían el desorden: Carlos Reyes, Augusto Suárez, John Shneider, Brian McBride, James Bronson y el inconfundible David Miller. Ahí estaban todos, atentos a la pregunta «asesina» que le enviaría directo como una bala de cañón al malvado profesor.

Pero como los sueños se presentan a veces con escenas surrealistas, esta vez el maestro no llevaba su conocido traje azul oscuro, con la corbata gris, sino tenía puesta una chaqueta de cuero negra, con unos extraños y amenazantes objetos punzantes de acero en el cuello. La cara pintada con unas extrañas manchas de grasa negra, como de betún. En la frente tenía un cuerno grueso, largo y filudo, como de rinoceronte. Tenía los ojos teñidos de rojo, como en las fotos cuando salen colorados. Lo miraba fijamente, con cara de amenaza.

Era una angustiosa pesadilla, de esas que producen desesperación y se viven de manera tan real que aceleran el corazón. De repente, la escena comenzó a cambiar. El profesor miró a Simón, pero esta vez ya no para lanzarle una pregunta difícil, ni para amenazarlo con expulsarlo, sino que comenzó a quitarse el cuerno, el maquillaje negro, la chaqueta y el cuerno largo. Quedó con una cara limpia y distinta. Como si estuviera recién bañado.

De pronto, de un sobresalto, Simón quedó despierto. Estaba sudando a chorros. Ya eran las cinco de la mañana y, como estaba espantado por las imágenes, no pudo volver a dormirse. Así que se levantó, se dio un duchazo y llamó muy temprano a su amiga Susana.

—Necesito contarte algo —le dijo Simón por el celular—. Tuve un sueño que no logro entender. ¿Qué tal si tomamos un café y te lo cuento, a ver qué te parece y cómo lo interpretas tú?

—Deja que me despierte bien, ya que aún estoy dormida —le dijo Susana bostezando—. Si quieres nos encontramos a las ocho en el café Exquise y ahí me cuentas el sueño. Pero además aprovechamos para ensayar tu presentación bien temprano, ¿te parece?

—Listo —le contestó Simón—. Nos vemos a las ocho en punto en el Deluxe.

A la hora de la cita, Simón le contó a Susana, muy preocupado, el sueño que había tenido la noche anterior. Susana, sin salir de su asombro, le respondió:

—Bueno, amigo, creo que este asunto de la presentación te ha estresado tanto que ha afectado aun tu sueño. Pero si me pidieras mi humilde interpretación del mismo, creo que algo va a suceder en este nuevo encuentro con el personaje, y tal vez el sueño te lo está anunciando.

—¿Tú crees? —le respondió Simón muy alterado—, pues no lo sé. Pero qué tal que sea el anuncio de algo malo... Qué tal si se trata de una emboscada que me tiene programada el viejo profesor.

—Pues, cualquier cosa puede suceder —contestó Susana—. Pero lo mejor es que pienses que no será lo peor, sino lo mejor. En todos estos años pudieron suceder muchas cosas que tú ni imaginas. De manera que mejor concentrémonos en el contenido de tu «speech» y en la forma en que lo vas a exponer. Porque creo que de eso depende el buen final de este «video» que has armado.

—Tienes razón —dijo Simón—. Voy a concentrar todo mi esfuerzo en hacer una presentación magistral. Voy a sacar fuerzas de donde no hay, y te prometo que daré lo mejor de mí para que tu ayuda no sea en vano, sino que se noten los resultados.

Comenzaron a ensayar una vez tras otra el contenido del mensaje. Ante el asombro de Susana, Simón cada vez lo presentaba mejor. Era como si después del sueño algo se hubiera disparado en su interior. Su actitud ya no era la misma. La postura de hombre débil, miedoso, titubeante, con muletillas y ademanes de inseguridad comenzaba a transformarse en la de un «speaker» mucho más seguro, directo, preciso, articulado con las ideas y contundente con la expresión corporal.

—¡No lo puedo creer! —dijo Susana la última vez que lo escuchó—. Creo que ahora sí lograste hacer el «clic» interior del cual habla la doctora Seniors. En verdad que has logrado un cambio total. Estoy gratamente sorprendida. Creo que si logras presentarte así, vas a «sacarla del estadio» y los vas a dejar a todos perplejos.

El día de la presentación

Por fin llegó el día de la presentación. De nuevo Simón estaba trasnochado y con ojeras porque no había logrado dormir. Su amiga Susana lo llamó muy temprano para darle ánimo.

—Hola Simón, soy Susana, te llamo para recordarte que lo más importante en el momento de la presentación no es memorizar el contenido, ni pegarse a las diapositivas. Lo único que de verdad cuenta ahora es la actitud que vas a asumir frente al público que tienes en frente. ¡Vas a conquistar ese auditorio! Saca lo mejor de ti. Por nada del mundo puedes aparecer como un cobarde. Recuerda la clase de la doctora Seniors: «Inteligencia = Poder, amor y dominio propio». Cero cobardía.

Le dijo muchas cosas, pero lo que en verdad le caló hasta los huesos fue la frase final, la que lo dejó más que empoderado: ¡saca todo tu coraje!

En el momento de entrar al salón, Simón solo recordó esa frase maestra de Susana. Y eso fue exactamente lo que hizo. Respiró profundo, apretó bien los puños, levantó la frente y salió airoso al centro mismo del auditorio, para decir con una amplia sonrisa y una extraordinaria seguridad:

—Muy buenos días para todos. Mi nombre es Simón Robinson, soy profesor en la Facultad de Ingeniería Industrial de la FIU y hoy quiero hablarles acerca de la importancia del emprendimiento como clave para el crecimiento.

A partir de ese gran momento de luz y contundencia, la atmósfera del salón se llenó de calidez y cada uno de los asistentes lo siguió con detenimiento en cada una de sus frases y comentarios. Nadie se distrajo ni un momento, porque la presentación de Simón fue magistral.

Pero de pronto algo interrumpió la fluidez del discurso: la puerta se abrió y entró un personaje extraño al auditorio. Simón continuó hablando, pero cuando el señor que acababa de llegar se sentó con su abrigo elegante y su maletín de cuero fino en la primera fila del salón, él lo miró con detenimiento y se quedó perplejo. ¡El viejo profesor había llegado!

En ese momento, Simón supo que tenía solo dos opciones: bloquearse por completo y no seguir, o asumir el asunto con absoluto coraje y sacar la presentación por otro lado, por encima de quien fuera. Así lo hizo. Porque ante el ingreso del personaje, en vez de sentirse acobardado e intimidado, logró sacar de muy adentro un denuedo y una valentía que no se conocía ni él mismo.

La presencia del ex profesor causante de sus desvelos ni siquiera logró amedrentarlo. Es más, lo ignoró por completo. Aunque el profesor lo miraba con cara de asombro, Simón no le prestó atención, sino que lo vio como a cualquier otro participante, sin problemas. Estaba tan enfocado en dar lo mejor de sí, que no podía desperdiciar su tiempo ni su esfuerzo en los asuntos del pasado.

La presentación fue sensacional. La gente estaba admirada. Los comentarios concluyentes al final y la evaluación no bajaron de excelente y óptimo. Es que Simón había conseguido derribar dos gigantes: el pánico y el resentimiento. Mostró toda su gallardía, arrojo, audacia y contundencia. No le tembló la voz ni un solo momento y, por el contrario, sacó un talante insospechado que dejó atónito al auditorio.

La sonrisa de Simón era espléndida. Todo había salido perfecto. Hasta le pidieron que repitiera la conferencia para otras áreas y grupos de la entidad. Solo quedaba por resolver una cosa: la forma como debía saludar al ex profesor de sus desvelos.

Ante su asombro, el profesor se le acercó para saludarlo y le dijo:

—Simón, saludos, permíteme felicitarte por la presentación. Pero antes que nada, quiero decirte algo: han pasado todos estos años y las cosas han cambiado. Si pudiera volver al pasado, retroceder la película y cambiar las escenas, lo haría. Pero como no puedo, permíteme quitarme ahora el «disfraz», para reconocer todo el daño que te causé y que, estoy seguro, debió marcar tu vida.

»Tú fuiste un estudiante brillante —continuó el profesor— y ahora, como profesional, te auguro los mejores éxitos en tu carrera. Por favor, olvida las veces que te hostigué con mi empecinamiento para hacerte caer. La verdad, lo hacía porque no soportaba tu superioridad en muchos temas en los cuales yo me sentía inferior. Pero hoy ya no soy el mismo. Puedo hablarte desde otro plano, renovado. De manera que, en verdad, te pido me disculpes para que seas libre no solo tú, sino también yo. El exprofesor le estiró la mano en un ademán amistoso de reconciliación. Por supuesto que Simón le respondió con la misma gentileza».

—Señor, le agradezco mucho su amable comentario —respondió Simón—. La verdad es que fueron tiempos muy duros en la universidad, cuando sentía la forma como usted me fustigaba con sus comentarios, notas y mal ambiente. Pero como dice usted, los años han pasado y, gracias a Dios, he podido superar el asunto. Aunque créame que no fue nada fácil.

»De todas maneras —agregó Simón— ya es tiempo de madurar el asunto. Por mi parte, claro que lo disculpo y puede tener por seguro que es asunto olvidado. Es más, le agradezco mucho el hecho de haber venido a mi presentación, lo cual considero un verdadero honor».

—¡El honor ahora es mío! —respondió el profesor con una tremenda carcajada—. Eso suele suceder en la vida. Antes todo se centraba en que tú eras el alumno. Pero ahora la importancia está en que yo soy apenas el ex profesor de un ejecutivo eminente llamado Simón Robinson.

Ambos celebraron por un buen rato el chiste, el perdón, la reconciliación y el reencuentro, mientras se tomaban una copa de champaña que repartieron los meseros para el cierre del evento.

Todo estaba tan bien que Simón, henchido de emoción, alegría y satisfacción, suspiró profundamente por un instante y recordó a su amiga Susana, que fue la verdadera gestora de todo ese triunfo.

En ese momento, una buena banda de música iba a comenzar a amenizar la actividad, por lo que todos estaban dispuestos para celebrar. Pero él miró el reloj, que marcaba ya las siete de la noche.

—Con permiso, con permiso —dijo Simón mientras se apresuraba a pasar entre la gente—, debo salir pronto ya que tengo otro compromiso.

Los dejó a todos en el cierre y salió muy rápido al parqueadero a abordar su auto para salir a buscar a Susana. Cuando llegó al café Exquise, allí estaba sentada leyendo el último libro de Daniel Golleman sobre inteligencia emocional.

Cuando vio entrar a Simón apresurado, se asustó porque pensó que le traería una noticia trágica. Inmediatamente se dispuso a consolarlo y apoyarlo en su doloroso trance, cuando la tomó por sorpresa: sacó un ramo de rosas blancas que traía escondido con una mano en la espalda; luego, con una sonrisa de felicidad y victoria, le dijo:

—Gracias mi mentora de comunicación. Te dedico el triunfo de esta tarde. Este es un logro tuyo, porque te

batiste como una leona contra mis miedos y mis rencores. Me llevaste a vencerlos a ambos, aunque me sentía
tan cobarde y tan lleno de amargura.

—¡Gracias! —contestó Susana con los ojos llenos de
lágrimas y muy emocionada, no solo por el bello detalle de las flores que la cautivó, sino por el triunfo de su
amigo que era el mismo suyo.

—Pero... ¡dime, por Dios, qué pasó! He estado todo
el día a la expectativa, pendiente de ti.

—Lo sé Susana, eres lo mejor —le respondió Simón—,
si no hubiera sido por ti, el miedo me habría ganado la
batalla. Pero no te imaginas todo lo que pasó. No solo
me fue extremadamente bien en la presentación, ya que
me sentí seguro, libre, fluido, claro, preciso y contundente. Pero sobre todo, libre. A mitad de la exposición
llegó el profesor verdugo, pero no me causo ningún
miedo. Al contrario, fue en ese momento cuando tomé
más impulso y la saqué adelante con más arrojo.

—¡Increíble! ¡Qué felicidad! —respondió Susana—.
¡Eso fue puro coraje... coraje y... coraje!

—Así es. El coraje que tenía dentro de mí, pero estaba
enterrado. Me enfrentaba a dos gigantes peores por vencer: el miedo y el resentimiento, los dos peores enemigos
de mi vida. Allá se quedaron enterrados. Fue tan impactante que al final el profesor me ofreció sus disculpas y
me pidió que lo perdonara, con una mirada genuina.

Susana se levantó de la silla, alzó los brazos y
comenzó a dar vueltas de dicha en medio del pasillo
del café:

—¡Qué emoción! ¡No lo puedo creer!

—Pero no nos vamos a quedar aquí —dijo Simón—. Te invito a cenar.

Simón y Susana salieron a caminar por las calles de Brickell. Una leve llovizna comenzó a caer y con una tranquila sonrisa, él la miró y le dijo:

—Bueno, después de vencer el peor miedo de mi vida, no le vamos a tener miedo al agua.

Ambos rieron y salieron a caminar bajo la lluvia, resueltos a mojarse y a reír como niños. Era una original manera de celebrar y de mostrarle al mundo su libertad. Simón sacó su celular y le dijo a Susana:

—¡Sonríe!

—Déjame, yo la tomo —contestó ella en medio de una explosión de risa y empapada por la lluvia que cada vez caía más fuerte—. Eres tú a quien hay que homenajear. Hoy tu imagen ha cambiado.

Simón ya estaba también emparamado, pero se sentía muy feliz por el resultado de su presentación, por la gratificación del esfuerzo cumplido, por el agradecimiento del apoyo incondicional de su amiga Susana, por la victoria de haber derribado al verdugo del resentimiento y al gigante del rencor, tanto que se sentía capaz de soportarlo todo. Entonces Susana le dijo:

—Esta será la mejor «pic». Transmite tu felicidad y todo tu coraje.

7 | SE NECESITA CORAJE

POR LA HISTORIA DE Simón y Susana, uno puede saber que no es suficiente conocer bien el tema, ni ser un profesional eficiente. Para alcanzar un alto Impacto en una presentación es necesario el coraje.

Cada vez que realizo un diagnóstico empresarial o personalizado sobre las competencias comunicacionales me queda más claro: la pasión y la innovación no bastan. Se necesita coraje. Puesto que es el que le da el sello final a una exposición o a una conversación poderosa. Coraje, entendido aquí como concepto de dignidad, fuerza interior, talante y determinación, no como ira o rabia. Coraje producto de la valentía. Es definitivo, para ser un comunicador de alto impacto, hay que ser valiente y hablar con denuedo.

No se deje «acoquinar»

Yo crecí en una familia de cinco hijos, de los cuales soy la menor. Mi papá, un intelectual puro, de Barranquilla, me inculcó la pasión por las letras y el oficio de escribir. Mi mamá, una señora clásica de Bogotá, me enseñó los principios y valores a través de palabras muy distinguidas que nunca supe con exactitud qué querían decir, pero que siempre le escuché. Entre ellas, recuerdo una muy especial: «acoquinar». ¡Qué extraño verbo! Le escuché decir que el frío «acoquina», que las personas a veces se veían «acoquinadas», que las enfermedades «acoquinan», que las señoras «acoquinadas» no lucen bien, etc.

De niña nunca entendí qué era eso de no dejarse «acoquinar». Para mí, era algo así como no dejarse apachurrar, atemorizar, aplastar, apocar, opacar o anular por las circunstancias. Aunque no entendiera mucho de qué se tratara, solo por la intención de mi mamá y el tono siempre digno de su voz cuando hablaba de «no acoquinarse», hoy puede pasarme lo que sea que yo, se lo aseguro, ¡no me dejo «acoquinar»!

Le confieso que, después de tantos años, solo a través del estudio sobre el valor del coraje entendí de qué se trataba realmente el verbo «acoquinar». Según el *Diccionario de la Real Academia de la Lengua*, «acoquinar» significa: «del francés *acoquiner*: amilanar, acobardar, hacer perder el ánimo».[1]

Es decir, que acoquinarse es todo lo opuesto al coraje. Por eso hoy, mi amigo lector, le aseguro que no permitiré el acoquinamiento en mi vida. Por eso, le doy gracias a mi mamá, por haberme enseñado el valor de no dejarse acoquinar. Le aseguro que si usted lo logra, obtendrá el impacto necesario para su comunicación. Así que, ¡no se deje acoquinar!

El miedo bloquea

Hemos visto en mis anteriores libros de comunicación[a] que el principal bloqueador e inhibidor de la comunicación es justamente el miedo. Quiere decir que, si lo que más entorpece sus habilidades comunicacionales es el pánico escénico y la inseguridad, pues es su majestad el coraje quien puede sacarle de ese estado de temor y llevarlo a vencer los miedos que le paralizan, entorpecen y estropean todas las posibilidades de realizar presentaciones o conversaciones con carácter suficiente y estilo propio.

El coraje es a la comunicación lo que el carácter es al individuo. Nada peor que una persona sin carácter o una presentación sin coraje. A mí me estremece ver a los líderes que entreno día tras día en las principales empresas de Latinoamérica y Estados Unidos, cuando se vuelven como niños asustados e indefensos frente a un público. Por eso estoy convencida de que la mejor forma de empoderarlos como verdaderos comunicadores no es enseñarles a diseñar contenidos ni a memorizarlos. Si usted quiere que su equipo en la empresa, o sus hijos o usted mismo, sean comunicadores extraordinarios, lo primero que necesita trabajar en ellos es la actitud que asumen al transmitir sus mensajes.

La calidez no basta

Cuando inicio una presentación frente a cualquiera de los cientos de públicos a los que me dirijo en muchos países, siempre empiezo con una amplia sonrisa y un amigable saludo. Estoy segura de que la calidez es demasiado importante frente a la gente. Cautiva, enamora, persuade y logra altos niveles de empatía.

Pero déjeme decirle algo con urgencia: ¡la calidez no basta! Aunque soy defensora número uno del valor de ser cálidos para lograr el mejor servicio al cliente, o las mejores relaciones interpersonales, hoy puedo decir a ciencia cierta que —por más calidez que usted muestre— si no consigue el coraje necesario para enfrentar al público, todas sus dotes de presentador y su simpatía caerán al piso como pedazos de cristal roto, si no trabaja antes que nada su carácter como expositor.

Me encanta entrenar a los jóvenes egresados de universidades que realizan maestrías de ingeniería o cualquier otra carrera. Por lo general, muestran una avidez inusitada de querer saber más y aprenderlo todo para aplicarlo a la carrera que les espera. Pero me duele mucho verlos en un estado de cobardía impresionante cuando se trata de mostrar o «vender» sus proyectos ante cualquier grupo de empresarios o inversionistas. Parece como si todo su conocimiento técnico se les olvidara, por lo que se quedan paralizados y titubeantes, con la mente en blanco, la mirada perdida por el susto y la respiración entrecortada. La falta de coraje es el enemigo oculto de la comunicación.

Por eso creo que el coraje, como parte del carácter de un profesional, debería ser una materia completa en cada facultad de todas las universidades del mundo. No conseguiremos nada si entrenamos en todas las disciplinas y áreas a nuestros nuevos líderes mundiales, pero no los llevamos a un nivel más alto de arrojo personal, valentía, resolución, brío y determinación.

No se pare, plántese

La primera señal para notar la falta de coraje en un comunicador es la postura que asume. Es decir, la forma como se para o se instala frente a un escenario. Repito, sea un auditorio para cinco mil personas, una pequeña sala de juntas, la sala de su casa o la mesa de un restaurante. En cualquier escenario, la gente necesita aprender a asumir una postura distinta.

No entiendo por qué, pero los jóvenes gerentes —en especial las mujeres— asumen una postura casi infantil frente a la gente. No sé si se habrá dando cuenta, amigo lector, pero la mayoría de las jovencitas que realizan una presentación ante cualquier público, han resuelto adoptar una postura que yo llamo —un poco en broma— «el quebradito de cadera». ¿Lo ha visto? Todas se paran como de medio lado, doblan la cintura, echan la cabeza para un lado como niñas y luego utilizan un tono y un volumen de voz de mimadas y consentidas que, lejos de parecer líderes confiables, se ven como muñecas frágiles a punto de desbaratarse. Muy lejos del coraje.

Cuando me encuentro con ese síndrome, les enseño a plantarse frente al público, con una frase que me ha dado los mejores resultados para empoderarlas: «No se paren... ¡Plántense!». Acto seguido, logran un cambio interior, se enderezan, ponen la mirada donde debe estar, mantienen firme su cabeza, la postura es vertical y centrada, los hombros en su justo lugar, la cadera firme y todo su ser cobra vida en medio de una metamorfosis fabulosa que hace que pasen de ser niñas consentidas a verdaderas líderes con una marca determinante: el coraje.

Tanto mujeres como hombres logran esa hermosa mutación de pusilánimes a valientes que se saben plantar y no les tiembla la voz frente a ningún auditorio, por prestante que sea. Creo que ese es uno de los principales logros de mi carrera como empoderadora de líderes. Llevarlos a otra dimensión a través de un valor definitivo como lo es el coraje.

Para pasar de la cobardía al coraje, la fórmula es entonces esta que usted no debe olvidar jamás: «No se pare... ¡Plántese!». Eso le dará una postura diferente no solo en cuanto a su expresión corporal, sino también en la forma como comenzará a dar su mensaje, el tono de la voz, la expresión de la mirada. Todo será diferente cuando, desde su interior, asuma el coraje para plantarse a hablar frente a un escenario, y cuando muestre a través del coraje no solo todo lo que sabe, sino todo lo que usted es. Porque es por medio del coraje que podrá mostrar de qué está hecho.

El coraje es dominio propio

En mi libro *¡Power People! Gente de potencial: El poder de la comunicación inteligente* hablo acerca del «iPad» para la comunicación, así:

Inteligencia= Poder + Amor + Dominio propio.[3]

Me refiero al pasaje donde Pablo, como excelente mentor, le dice a su pupilo Timoteo: «Pues Dios no nos ha dado un espíritu de timidez, sino de poder, de amor y de dominio propio» (2 Timoteo 1.7).

El regalo imaginario del «iPad» de la comunicación ha sido muy bien recibido en todos los espacios y conferencias a donde voy. Pero sobre todo, he percibido que, desde que comencé a hablar del dominio propio, este se ha convertido en un tema de mucho interés entre las nuevas generaciones de líderes. Más allá de la competencia comunicacional, les ha servido para crecer como personas. Porque cuando aplicamos el poder del dominio propio a las conversaciones y a todos los actos de nuestra vida, nos encontramos ante seres que no solo transmiten ideas, sino que lo hacen con absoluta templanza. Sin cobardía ni temores paralizantes.

El dominio propio, relatado por Pablo en su Carta a los Gálatas como un fruto del carácter de Dios en su vida, es el que le va a llevar a no ser un comunicador miedoso y cobarde, sino uno que sabe lo que dice, con absoluta valentía y resolución.

En mi caso personal lo he comprobado, porque es un fruto que he tenido que cultivar con esmero. Hoy puedo decir que el dominio propio no solo me ha dado autodisciplina, tenacidad, firmeza y resolución, sino que me permite mantener el equilibrio ideal para una comunicación asertiva: calidez y coraje. Juntos, en las mismas proporciones, harán que usted se convierta en un comunicador de alto impacto. Se lo garantizo.

También Pedro, en su segunda carta, habla del tema y dice con certeza: «Añadan a la fe virtud, a la virtud conocimiento, al conocimiento paciencia, a la paciencia afecto fraternal y al afecto fraternal, amor» (ver 2 Pedro 1.5-7).

Quiere decir que, si no le añadimos a la fe, la virtud y el conocimiento, y una gran dosis de dominio propio, no podremos llegar a la mayor de las cualidades: el amor. En este punto quiero detenerme con especial atención. Porque otra de las cosas que he aprendido con asombro en mi carrera como mentora empresarial y de universidades, es que el coraje debe estar bien cimentado en el amor. Una persona con mucha valentía, pero exaltada por la furia, la soberbia y el orgullo, no muestra coraje sino ego, prepotencia y altivez desmedida. Eso no es coraje. Eso es arrogancia. Son dos cosas muy distintas.

Por lo general, el coraje es mal entendido, porque se le relaciona con la exaltación personal del carácter. Con la furia y la rabia. Pero en el plano al que me refiero, el coraje se relaciona con el amor a los otros. A tal punto que le produzca indignación el verlos bloqueados o limitados. Es el amor el que va a comandar el dominio propio y este a su vez comandará al coraje. Es así como funciona en la comunicación de alto impacto.

Se requiere una gran dosis de humildad para que el coraje no se tergiverse y se convierta en actitudes altaneras, agresivas y que denigren a los demás.

Es el dominio propio lo que le llevará a mostrar un verdadero coraje en su comunicación. Dominio de sí mismo, del escenario, del público, de las palabras, de las ideas, de la proyección. Dominio para no dejarse controlar por la cobardía y el pánico sino que, al contrario, usted los controle a ellos, para verlos como a gigantes derribados que no le estorbarán más.

Eche fuera el temor

Es tan clara la relación entre el coraje y el verdadero amor, que también lo menciona Juan en su segunda carta cuando dice que: «El amor perfecto echa fuera el temor. El que teme espera el castigo» (1 Juan 4.18).

Si el amor perfecto echa fuera el temor, quiere decir que el amor y el coraje van de la mano, como salvaguardas que le pueden rescatar de uno de los principales flagelos para todo en su vida, pero sobre todo para las posibilidades de ser un comunicador de alto impacto.

Si el amor perfecto echa fuera el temor, es el aliado incondicional del coraje, porque lo que inhibe el coraje es el temor. Por eso no concibo el empoderamiento de un líder, sin antes llevarlo a sensibilizar y concientizar la importancia de amar a las personas. La única forma de comunicarse de verdad y lograr perfecta conexión con una sola persona o con miles, es si ellos saben que usted los está amando. Que toda su resolución, determinación, valentía y plantaje son producto de una fuente interior de energía que lo ilumina todo: el amor perfecto. Ámelos y plántese con coraje. Entonces le creerán y será un ser persuasivo.

¡No se raje!

La postura de un buen comunicador frente a su público debe ser como la de Jalisco, ícono de la leyenda mexicana. Esa canción tan legendaria, que todos nos aprendimos desde niños y que es parte de la historia misma del país azteca, así como de Latinoamérica, dice: «¡Ay, Jalisco, no te rajes!». Y me gustaría mucho, mi querido lector, si me lo permite, que la adoptemos como himno para este asunto del coraje que tanto necesitamos.

Deberíamos aprender de la maravillosa gente mexicana, el valor del «¡No te rajes!». Como hispana enamorada de México lindo y querido, entiendo que la insigne canción se refiere a la virtud de no echarse para atrás. De no acobardarse y llenarse de coraje.

Cuando empodero a algún alto ejecutivo o ejecutiva en una empresa, le enseño esta postura antes de salir a cualquier presentación. Antes de mostrarle cómo proyectar su mensaje, le enseño cómo proyectarse a sí mismo con un absoluto coraje que sale de lo más profundo de su ser, como una especie de detonante de su poder interior como comunicador. Hasta que la persona no logra ese «clic» interior, no pasa nada. Todo será nada más que palabras. Pero en el instante en que entiende la importancia del coraje, del sensacional «¡No te rajes!», entonces la escena cambia, las ideas fluyen y todo se proyecta desde otra dimensión. Es de verdad impresionante. Tanto que yo misma salgo impactada del resultado que logra cada persona, por medio del entendimiento y la revelación del coraje en su vida.

El poder del «encourage»

En el mundo del liderazgo estadounidense se conoce el concepto del coraje como «encourage». Se aplica a la forma en que se puede llevar a los líderes a un nuevo nivel, a partir del ejercicio de reforzar, afianzar e impulsar su ánimo para llegar más alto. El coraje es un valor que se aprende, pero sobre todo se infunde.

Cuando un equipo de trabajo, estudio, música, cocina, deporte o cualquier otra índole, es motivado a partir del «encourage», es evidente que el rendimiento es mucho mayor, la efectividad se dispara y los resultados son los mejores. Si los líderes identificaran el coraje como parte esencial de su rentabilidad, seguro que muchos optarían por cambiar el viejo esquema de trabajo forzoso, por reglas y ordenes, a una labor de pura sinergia de equipo, empoderada a través del «encourage».

El coraje es dignidad

La comparación más amplia, sabia y generosa del concepto de coraje es con la dignidad. Porque el sentimiento de una persona al «encorajarse» debe ser de nobleza. Para dignificar, no para denigrar. Por ejemplo, si siente indignación cuando las cosas no funcionan o cuando las personas no logran sus objetivos, esa es su principal motivación. El coraje que siente es movido por la indignación de no ver a los otros lograr sus sueños. Así que hará todo lo posible para empoderarlos con una actitud firme y determinada, hasta verlos al otro lado. El lado de los logros cumplidos.

Por lo general, el coraje produce una valentía interior que impulsa a los demás. Por eso es un valor que todo buen líder necesita. No puede concebirse el liderazgo auténtico sin un alto grado de «encourage». Porque es la capacidad de «encorajar» a su gente la que le ayudará a cumplir sus metas de oro y anotar su mejor gol cada año.

Los entrenadores deportivos son un vivo ejemplo de la importancia del coraje para lograr resultados reales. Solo los «coaches» con suficiente sentido del «encourage» pueden impulsar a su equipo hasta verlo ganar, no solo un partido o dos, sino a llevarse la copa final del triunfo. El coraje es una virtud interior del ser que conocen bien los ganadores. Los que no se conforman con el quinto puesto. Los que siempre van por la de oro.

El coraje no es soberbia

Eso no quiere decir que los líderes con coraje sean unos orgullosos y arrogantes detestables. Por el contrario, el coraje planteado aquí se relaciona más con la humildad y la mansedumbre que con la soberbia. Aunque para muchos esto luce raro, porque el paradigma cultural erróneo nos ha hecho ver siempre que sentir coraje es llenarse de orgullo y salirse de las casillas como reactivos sin freno.

Se necesita humildad para pagar el precio y dar la vida por otros. Tal como lo hace una madre llena de coraje por sus hijos. Porque «encorajarse» es un acto de entrega total, de rendición, de abnegación, de darlo todo hasta el final, con entrega absoluta e incondicional. Para salvarlos, defenderlos, protegerlos, cuidarlos y amarlos. Eso sí que requiere puro coraje.

Si ha visto a una mamá defendiendo a sus hijos como leona en estado de alerta, capaz de dar la vida por ellos en cada jornada cotidiana, por encima de todo y de todos, eso es coraje genuino.

El coraje se contagia

Tanto la cobardía como el coraje son contagiosos. Por eso deberían lanzarse campañas completas de sensibilización en cuanto a este valor, para lograr cambios reales en las nuevas generaciones y perfilar nuevos líderes mundiales.

Los grandes motivadores e inspiradores de la actualidad, como Paulo Coelho, han escrito con mucho énfasis sobre el coraje, porque lo consideran definitivo para el crecimiento personal. Entre otras cosas, el autor brasilero ha dicho con acierto sobre el coraje:

Cuando menos lo esperamos, la vida nos coloca delante un desafío que pone a prueba nuestro coraje y nuestra voluntad de cambio.[4]

Afronta tu camino con **coraje**, no tengas miedo de las críticas de los demás. Y, sobre todo, no te dejes paralizar por tus propias críticas.[5]

El mundo estaba en manos de aquellos que tuvieron **coraje** para soñar, y vivir sus sueños. A cada cual su talento. A cada cual su don.[6]

«Coraje». Comenzando la jornada con esta palabra, y siguiendo con la fe en Dios, llegarás hasta donde necesitas.[7]

En una nueva unión de la innovación y el coraje, Steve Jobs dijo alguna vez con mucho acierto: «Ten el coraje para hacer lo que te dicen tu corazón y tu intuición».[8]

De esa manera desafió a las nuevas generaciones de emprendedores a buscar sus nuevos proyectos de vida. Él fue el ejemplo más claro de que para ser innovador se requiere una gran dosis de arrojo y un alto porcentaje de coraje dentro de la fórmula para ser el número uno de la innovación.

La mejor «pic» es el valor del coraje.

Caso de éxito en cuanto al coraje

Alexander Montoya; presidente, Liberty International Underwriters para América Latina[9]

Durante los últimos diez años, he entrenado a cientos de ejecutivos y líderes de la compañía Liberty Seguros en Bogotá, Colombia. Ha sido una experiencia extraordinaria puesto que es una empresa extraordinaria. De las muchas que conozco, es una de las más interesadas en el desarrollo de su gente, con programas de capacitación permanentes, entre los cuales el desarrollo de la competencia comunicacional ha sido de muy alto impacto. Hoy, Liberty Seguros es parte de mi vida y de mi corazón como mentora empresarial.

En ese ámbito, conocí al nuevo presidente de Liberty International Underwriters para América Latina, Alexander Montoya, un personaje que transmite de inmediato mucha pasión e innovación, pero sobre todo mucho coraje.

Durante una cena en el Club El Nogal de Bogotá, conversamos acerca de su historia, sus proyectos y su visión. Quedé tan impresionada con el «caso», que me dediqué a leer todo sobre él en los más recientes reportajes y entrevistas, en su página de LinkedIn y en todo lo que pudiera darme información sobre él, como personaje.

Alexander Montoya es uno de los ejemplos más vivos y genuinos de un líder con coraje. Ha logrado ascender con firmeza y resolución a los cargos más altos en entidades como AIG, de la cual fue presidente, y ahora llegó a Liberty por la puerta grande. En el 2012 fue nombrado por la Presidencia de la República de Colombia entre los cien colombianos que han tenido una carrera prominente en el exterior. En diciembre, la red LinkedIn lo reconoció entre el cinco por ciento de los perfiles más visitados en el mundo.

Nació en Cali, se graduó muy joven como administrador de empresas en la Universidad de Los Andes, Bogotá, y desarrolló una extensa carrera que comenzó con emprendimientos en bares, restaurantes y computadores, y continuó en el negocio de los corredores de reaseguros y la Aseguradora AIG, donde estuvo desde el 2001. Primero como gerente de producto y gerente subregional andino en Colombia, hasta que en el 2003 fue trasladado a las oficinas regionales de Nueva York para Latinoamérica. Posteriormente, siempre en la misma institución, fue vicepresidente de Pymes, encargado de crear una unidad nueva en el 2005. Hasta establecerse como presidente ejecutivo de AIG en Venezuela. Más adelante llegó a ser presidente en Colombia.

Ha sido miembro de CEA, YPO, de sus juntas directivas en México, Colombia, Brasil y Venezuela. Varias asociaciones de aseguradores en la región le han pedido que hable sobre el futuro de la industria. Además, asesora a algunos grupos económicos que se comienzan a internacionalizar.

A pesar de todos esos logros cuenta, con sencillez y mucha templanza, que no nació en las elites de la alta sociedad vallecaucana. Por el contrario, sus padres fueron gente sencilla y trabajadora de la ciudad de Cali. Dice que sus recuerdos de la niñez y la adolescencia incluyen, como las de millones de jóvenes del país y la región, dificultades y luchas férreas para poder estudiar y llegar a conseguir un trabajo.

«Soy nieto de un ganadero tolimense que se fue a Cali debido a la violencia y se jubiló como carnicero en la Sultana del Valle. Un arriero de Armenia que luego de muchas dificultades, fue taxista en Cali», relata Montoya.

«Soy hijo de un visitador médico que comenzó cargando cajas y terminó dirigiendo comercialmente una multinacional farmacéutica. De una ama de casa sencilla que, como muchas, a veces hizo emprendimientos como: un almacén de muebles, una peluquería y hasta una heladería. Cada uno comenzó y terminó su carrera y su vida después de atravesar estratos, como buenos migrantes sociales.

»Hoy, a mi manera, trato todos los días de imitar sus enseñanzas, a través de ese legado de migración social. ¡Sí se puede!».

Montoya piensa que los colombianos tienen mucho que dar a nivel internacional.

«Yo viví en el exterior una realidad completamente distinta a la que me esperaba. Pensaba que éramos nosotros los que íbamos afuera a aprender. Y sí, hay muchas cosas que recibir de todas las culturas. No solo de Estados Unidos, también de Argentina, Brasil y muchos otros países. Sin embargo, entendí que podemos construir en Latinoamérica y el exterior lo que conseguimos en Colombia. Darle a la región un poquito de lo que aquí hacemos mejor.

»Hoy por hoy, nuestros ejecutivos en esta y otras industrias también exportan mucho de lo que aquí hacemos bien y son reconocidos en multinacionales. Tenemos muchas cosas que enseñarles a ellos también. En diez años de expatriación he conocido docenas de ejecutivos colombianos, también expatriados: P&G, Nielsen, Kraft, JP Morgan, Mackenzie».

Sorprende de manera grata escuchar a este ejecutivo joven y bien plantado contar su historia y sus apreciaciones, con mucha sencillez y carisma. Hoy le sirve de ejemplo a miles de jóvenes de universidades y empresas que lo escuchan en conferencias y conversatorios sobre su testimonio, donde habla de «Pasión, reinvención y enfoque» como las tres llaves que le han funcionado.

Este ejecutivo de alto nivel cuenta con el valor, la fuerza, la dignidad y la nobleza suficientes para llegar a altos niveles, a punta de tenacidad. Espero que muchos más jóvenes estudiantes y empresarios cuenten con la oportunidad de escucharlo, para que les sirva como referente de uno de los valores más necesarios para alcanzar los sueños: el coraje.

AGRADECIMIENTOS

A LARRY A. DOWNS, vicepresidente principal de Harper-Collins, por su excelente labor como mentor editorial.

A Graciela Lelli, por su detallada y minuciosa tarea como editora.

A toda la familia de la editorial HarperCollins, por su apoyo permanente, tanto en Estados Unidos como en Latinoamérica.

A mi equipo de apoyo en Miami y Colombia, porque sin ellos sería imposible la publicación de esta obra. En especial, a mi asistente, Adriana Horta, por su compromiso y disciplina, que me acompañan todo el tiempo con verdadera pasión.

A todos los miembros de la red PIC: Centro Mundial para el Empoderamiento del Liderazgo y la Comunicación, el cual presido, por aceptar el reto de ser parte de este gran equipo internacional de *speakers*.

A las prestigiosas empresas y universidades que me permiten año tras año entrenar a sus líderes y altos ejecutivos para llevarlos a un nuevo nivel en sus competencias comunicacionales: GM Financial, Monterrey, México; Bancolombia; Banco de Occidente; Liberty; Grupo Bolívar; Avianca; Coca-Cola; Telefónica; Wayra;

Helm Bank; ABN AMRO Bank; Coomeva; Volio & Trejos, Costa Rica; Chacomer, Paraguay; Cámara de Comercio, Guatemala; Amway, Texas; Ingram Micro, Miami.

A las jefas de prensa encargadas de las giras de medios de comunicación en México, Colombia, Estados Unidos y todo Latinoamérica. Extraordinaria labor de prensa, radio y televisión internacional.

A las organizaciones internacionales que me invitan a ser parte de sus conferencistas y «speakers» de primera línea en Washington, Los Ángeles, Houston, México, Guatemala, Puerto Rico, Colombia.

A mi hijo, Daniel Vengoechea González, por su permanente asesoría en la creación de mi «branding» personal. Excelente productor.

A mi hija, Ángela Vengoechea González, por su acompañamiento constante en el manejo de mi imagen personal. Extraordinaria asesora.

A mi mamá, Stella Andrade de González, por sus consejos sabios, su ánimo siempre presente y sus oraciones eficaces.

A Dios, por encima de todos. Por su amor inagotable que me acompaña día a día. Por siempre.

NOTAS

Epígrafe

1. José Ortega y Gasset, citado en Eduardo Palomo Triguero, *Cita-logía* (Sevilla, España: Punto Rojo, 2013), p. 240.

Primera parte

1. Albert Einstein, en una carta a Carl Seelig, 11 marzo 1952, Archivos de Albert Einstein 39-013.

Capítulo 1

1. *Words and Pictures*, guion por Gerald Dipego, dirigida por Fred Schepisi, Estados Unidos, 2013, http://www.filmaffinity.com/es/film603722.html.
2. John Constable, pintor inglés. Obra ejemplar: *La carreta de heno*, Londres, 1821.
3. William Wordsworth, poeta inglés. Obra ejemplar: *Un paseo por la tarde*, Inglaterra, 1793.

Capítulo 2

1. Madre Teresa, *One Heart Full of Love*, ed. José Luis González-Balado (Cincinnati, OH: Franciscan Media, 1988), pp. 8-10.
2. Real Academia Española [RAE], *Diccionario de la lengua española*, 23ª ed., «pasión», http://lema.rae.es/drae/?val=pasi%C3%B3n.
3. Autor original desconocido. La frase ha sido atribuida a varios autores, pero a ninguno con certeza.
4. Sonia González A., *El efecto: Descubra la riqueza de ese «algo» que usted transmite* (Nashville, TN: Grupo Nelson, 2013), p. 25.
5. John Maxwell, *Los 21 minutos más poderosos en el día de un líder* (Nashville: Grupo Nelson, 2001), p. 76.
6. Gabriel García Márquez, «Me presento, me llamo Gabriel García Márquez», en Sara Facio y Alicia D'Amico, *Retratos y autorretratos* (Buenos Aires: Crisis, 1973), p. 66.
7. Para más información, véase la Fundación Nuevo Periodismo Iberoamericano, http://www.fnpi.org.

8. Expedición Epopeya Everest Sin Límites 2010, «Comunicado oficial - Colombia», 17 mayo 2010, http://www.humanedgetech.com/expedition/epopeya/index.php?dispid=11&view=0.
9. Ismael Cala, *Un buen hijo de p...: Una fábula* (Nueva York: Vintage Español, 2014).
10. Stephen R. Covey, *The 8th Habit: From Effectiveness to Greatness* (Nueva York: Free Press, 2006), p. 230 [*El 8° hábito* (Barcelona: Paidós, 2005)].
11. Mario Escobar, *Los doce legados de Steve Jobs* (Madrid: Lid Editorial, 2012).
12. Georg Wilhelm Friedrich Hegel, *Lecciones sobre la filosofía de la historia universal: Introducción general* (Valencia: Universidad de Valencia, 1991), p. 62.
13. Cita atribuida a Jean Jacques Rousseau en Thomas Davidson, *Rousseau and Education According to Nature* (Nueva York: Charles Scribner's Sons, 1898), p. 191.
14. John Maxwell, *Las 21 cualidades indispensables de un líder* (Nashville: Grupo Nelson, 1999), pp. 77, 79.
15. El material a continuación viene de comunicaciones personales entre la autora y Navarro y se usa con permiso del mismo.
16. John Soumbasakis, citado en «Ingram Micro Hires Industry Veteran To Lead Data Capture/Point-of-Sale Business In Latin America», 8 agosto 2012, http://www.bsminfo.com/doc/ingram-micro-hires-industry-veteran-0001.

Segunda parte

1. Steve Jobs, citado en Carmine Gallo, *The Innovation Secrets of Steve Jobs* (Nueva York: McGraw-Hill, 2011), p. 1.

Capítulo 4

1. Ver Joseph Schumpeter, *Teoría del desenvolvimiento económico: Una investigación sobre ganancias, capital, crédito, interés y ciclo económico* (México: Fondo de Cultura Económica, 1957).
2. Henry Chesbrough, *Innovación de servicios abiertos* (Barcelona: Plataforma Editorial, 2011).
3. Schumpeter, *Teoría del desenvolvimiento económico*.
4. Ver, por ejemplo, Jürgen Hauschildt, *Promotoren: Champions der Innovation* (Wiesbaden: Gabler Verlag, 1998).

Capítulo 5

1. García Márquez, «Me presento», p. 66.
2. Ver González, *El efecto*, p. 17.
3. Don Eddy, citado en *Walt Disney: Conversations*, ed. Kathy Merlock Jackson (Jackson, MS: University Press of Mississippi, 2006), p. 55, que

a su vez reproduce la entrevista de Don Eddy con Walt Disney, «The Amazing Secret of Walt Disney», *The American Magazine* 160, no. 2 (agosto 1955): pp. 29, 110–115.

Tercera parte

1. Paulo Coelho, *Maktub* (Barcelona: Plantea, 2002), p. 28.

Capítulo 6

1. O sea, «en la voz del pueblo». Véase *Diccionario de la lengua española* (© 2007 Larousse Editorial, S.L.), «vox pópuli», http://es.thefreedictionary. com/vox+p%C3%B3puli.

Capítulo 7

1. Real Academia Española, *Diccionario de la lengua española*, 23ª ed. (2014), «acoquinar», http://lema.rae.es/drae/?val=acoquinar.
2. Sonia González A., *Habilidades de comunicación escrita* (Nashville: Grupo Nelson, 2011); *Habilidades de comunicación hablada* (Nashville: Grupo Nelson, 2011); *Habilidades de comunicación y escucha* (Nashville: Grupo Nelson, 2011); *El efecto: Descubra la riqueza de ese «algo» que usted transmite* (Nashville, TN: Grupo Nelson, 2013); *¡Power people! Gente de potencial: El poder de la comunicación inteligente* (Nashville: Grupo Nelson, 2013).
3. Sonia González A., *¡Power People! Gente de potencial: El poder de la comunicación inteligente* (Nashville: Grupo Nelson, 2013), p. 138.
4. Paulo Coelho, *El demonio y la señorita Prym* (Nueva York: Rayo, 2006), p. 13.
5. Paulo Coelho, *Maktub* (Barcelona: Activities K, 2001), p. 28.
6. Paulo Coelho, *Las valquirias* (Barcelona: Planeta, 2010).
7. Paulo Coelho, *Manual del guerrero de la luz* (Nueva York: Rayo, 2004), p. 88.
8. Steve Jobs, conferencia de matriculación para Stanford University, 12 junio 2005. Transcripción disponible en Stanford Report, «"You've Got to Find What You Love," Jobs Says», 14 junio 2005, http://news.stanford.edu/news/2005/june15/jobs-061505.html.
9. El material a continuación viene de comunicaciones personales entre la autora y Montoya y se usa con permiso del mismo.

ACERCA DE LA AUTORA

La autora, mentora y conferencista Sonia González A. ha logrado el empoderamiento de más de 100.000 líderes como comunicadores de alto impacto. Es reconocida a nivel empresarial en el entrenamiento de habilidades y competencias de comunicación para profesionales de la alta gerencia a nivel internacional. Hoy es presidente de la plataforma internacional de *speakers* CLICmentors (www.clicmentors.com).

Entre las empresas y entidades que han invitado a Sonia González figuran Avianca, Coca-Cola, GMAC Financiera (Ally Financial Inc.), ABN AMRO Bank, Bancolombia, Banco de Occidente, DigitalWare, Helm Bank, Liberty Seguros, Grupo Bolivar, Grupo Corona, Davivienda, Kuenhe + Nahel, Baker & McKenzie, BBVA, Coomeva, Volio & Trejos, Universidad de los Andes, Colsubsidio, Wayra-Telefónica Colombia, Amway, Ingram Micro, Chacomer, La Cámara de Comercio de Guatemala y LíderVisión. En los últimos años González ha realizado conferencias y seminarios en grandes convenciones en Estados Unidos, con mucho éxito.

Ha sido asesora de comunicación para Latinoamérica y el Caribe de World Vision International y experta en relaciones con los medios de comunicación internacionales de habla hispana en Estados Unidos con CNN. En adición ha colaborado con los diarios *El Nuevo Herald, La Opinión, The Los Angeles Times, La Prensa* y *The Washington Times* y con Univisión y Telemundo. Aparte de haber dado conferencias con congresistas de la Casa Blanca también las ha dictado como autora de libros de la editorial Thomas Nelson / HarperCollins Christian Publishing a lo largo de Estados Unidos y Sudamérica.